시편 23편

누가복음 15장

요한복음 21장 강해

주님이 차려주신 밥상

시편 23편, 누가복음 15장, 요한복음 21장 강해
주님이 차려주신 밥상

2021년 2월 9일 초판 1쇄 발행
2022년 2월 10일 초판 2쇄 발행

지은이 | 이상웅
펴낸이 | 박영호
펴낸곳 | 도서출판 솔로몬

주소 | 서울시 동작구 사당로 143
전화 | 599-1482
팩스 | 592-2104
직영서점 | 596-5225

등록일 | 1990년 7월 31일
등록번호 | 제 16-24호

ISBN 978-89-8255-587-9 03230

2021 ⓒ 이상웅
Korean Copyright ⓒ 2021
by Solomon Publishing Co., Seoul, Korea

저작권법에 의하여 한국 내에서 보호를 받는 저작물이므로
무단전재와 복제를 금합니다.

PSALMS 23, LUKE 15, JOHN 21

주님이
차려주신
밥상

이상웅

시편 23편

누가복음 15장

요한복음 21장

강해

솔로몬

이 작은 강해서를 코로나 19 상황 속에서
믿음으로 걸어가고 있는 동료 그리스도인들에게
헌정합니다.

서문

하나님께서 우리에게 은혜로 주신 성경 66권 1,189장 중 귀하지 않은 말씀은 하나도 없습니다. 하나님께서 우리들을 위해 선별하시고 선별해서 계시해 주신 말씀이고, 성령께서 제1저자가 되어주시어 친히 영감해 주신 말씀들입니다. 그러나 모든 성경이 한결같이 쉽지도, 모두 어려운 것도 아닙니다. 옛 사람이 비유적으로 말한 대로 어떤 부분은 코끼리라도 헤엄을 쳐야 할 만큼 깊은 곳이 있고, 어떤 부분은 개미라도 당당히 걸어갈 수 있는 얕은 곳이 있기도 합니다. 또는 사람들마다 회심이나 소명의 때에 특별히 사용되어진 말씀들이 있고, 읽고 묵상하다가 특별한 기회에 적실하게 은혜를 체험하게 만든 구절들도 있을 것입니다. 그런 의미에서 본서에 담긴 세 성경 본문은 필자의 신앙의 여정과 목회자와 설교자로서의 사역 기간 동안 거듭 거듭해서 위로와 소생의 은혜를 베풀어 주신 값진 본문들이라고 말씀드릴 수 있겠습니다.

"주님이 차려주신 밥상"이라는 제목은 에드워즈의 영성에 대한 특강을 하기 위해 어느 기도원에 가던 길목에 있던 한 식당 간판(엄마가 차려준 밥상)을 보면서 힌트를 얻은 것입니다. 본서에서 강론하게 되는 시편 23편, 누가복음 15장 11-32절, 요한복음 21장 등 세 본문을 유심히 읽어본다면 서로 각각의 메시지와 강조점들을 가지고 있음에도 불구하고 공통적으로 밥상 이야기가 나온다는 점을 발견할 수 있을 것입니다. 너무나도 유명한 다윗의 양과 목자의 시에는 사망의 음침한 골짜기를 지나 높은 곳에 이르러 원수들이 보란 듯이 한 상 가득 차려주시는 잔칫상이 있고, 두 탕자의 비유 속에는 말썽쟁이 탕자가 집으로 돌아왔을 때 아버지의 명으로 차려진 동네 잔칫상이 있으며, 그리고 디베랴 바다에서 밤새 고기 잡았으나 실패했던 제자들을 찾아오신 부활의 주님께서 그 손으로 친히 차려주신 아침 식탁이 등장합니다. 다윗의 시는 목자와 양에 빗대어 하나님의 백성들의 한 생애를 담았다고 한다면, 두 탕자의 비유나 디베랴 바닷가에서 전개된 이야기는 실패했기에 낙심하고 절망적인 이들을 다시금 품어주시고 손잡아 일으켜 주시며 회복시켜 주시는 이야기가 담겨 있습니다. 세 본문의 장르가 각기 다르고, 세부적인 내용들은 다르지만, 세 본문은 연약하고 침체되기 쉬운 우리 그리스도인들을 위로하고 격려해주는 전천후적인 은혜를 선포해주고 있습니다.

저는 22년의 목회 기간(1990-2012) 동안뿐만 아니라 신학교 교수가 된 후에 여러 교회들에 설교자로 초청받아 가는 기회에 본서에 담긴 세 본문을 자주 선포하곤 했습니다. 양과 같고, 탕자 같으며, 호언장담하다가 나자빠진 제자와 공감이 되는 저 자신이기도 하지만, 지상의 나그네 된 신자들 대다수가 공감하고 사모하는 하나님의 은혜와 긍휼히 여기심을 선포하는 본문들이기 때문입니다. 낯설은 회중들, 특히 내적 진통을 겪고 있는 회중들에게 설교를 해야 하는 외부 강사의 입장에서는 가장 근본적인 복음의 소식을 잘 전달하는 것이 필요하다는 것을 경험을 통하여 잘 알게 되었습니다. 이 책에서 활자화하여 소개하는 세 본문에 대한 메시지를 나눌 때에, 낯설은 회중이어도 하나님의 말씀을 사모하는 회중들은 다소의 차이는 있으나 대체로 감동을 받는 것을 목도하곤 했습니다. 어떤 경우에는 어떻게 알게 되었는지는 모르지만, 이메일을 통해서 "본문이 주는 강력한 힘을 느꼈다"는 짧은 피드백을 보내온 경우도 있습니다. 아무튼 세 본문은 동서고금을 물론하고 수 많은 하나님의 백성들에게 감동을 주고, 다시 일어설 수 있는 새 힘을 불어넣으시는 은혜의 방편이 되어 왔다는 것을 부인할 수가 없습니다.

저는 본서를 통해 우리 그리스도인들이 믿는 삼위일체 하나님이 어떤 분이신지와 하나님의 거룩한 사랑이 연약하고 넘어지기 잘하는 우리 인생들에게 은혜와 긍휼의 형태로 어떻게 드러나는지를 독자들에게 조금이라도 더 분명하게 전달되기를 소망하면서 이 책을 내어 놓습니다. 긴 세월 동안 여러 회중들 앞에서 전하고 또 전하면서 다듬고 또 다듬은 설교 원고들에 바탕한 책이라는 점을 다시 한번 밝힙니다. 사실 저는 설교 원고를 최대한 다듬고 또 다듬어서 전하기는 하지만, 실제 현장에서 설교할 때마다 조금씩 달라지는 것을 경험하곤 합니다. 본서는 실제 설교의 채록은 아니라는 점도 밝힙니다. 그리고 이미 우리에게 주어진 본문을 연구하고 설교문을 작성하는 과정에는 설교자의 독창성보다는 앞선 해석의 전통을 잘 반영하는 것이 중요하다고 늘 생각하기에 세 본문에 대한 설교를 작성할 때도 여러 주석들과 자료들을 참고했습니다. 약간의 미주는 달았지만, 출처를 일일이 다 밝히지 못했음을 양지해 주시기를 바랍니다.

 서문을 마치면서 감사의 글로 마치고자 합니다. 우선 제가 목회자로 섬겼기에 저 자신도 영적으로 훈련되고 자랄 수 있었음을 절감하면서, 특별히 담임목회지였던 경북 경산시 와촌면 박사리 소재 박사교회와 대구 산격제일교회 성도들에게 감사를 드립니다. 또한 부족한 설교자를 초청하여 말씀으로 교제할 수 있게 해준 여러 교회들과 목사님들께 감사를 드립니다. 특히 빈번히 강단에 초대해 주셨던 하늘영광교회 박순용 목사님과 주의교회 김진현 목사님께 감사를 드립니다. 일반인들이 이해하기 어려운 측면들을 많이 가진 목회자의 가족으로 살면서 많은 고통과 힘겨움을 감내해 주었던 아내와 아들에게는 뭐라고 말로 표현할 수 없는 감정을 느낍니다. 아울러 역경의 때를 지나가고 있는 이 시절에 본서의 출간을 맡아준 솔로몬출판사 박영호 장로님과 편집과 출간 과정에 수고해주신 여러분들에게도 감사를 드립니다. 부디 바라기는 코로나19와 같은 종말론적인 재난의 시대를 헤쳐나가고 있는 수많은 독자들의 손에 본서가 들려져서 지치고 곤고한 영혼에 말씀의 위로가 전달되어지는 선한 방편으로 사용되어지기를 기도하며 서문을 마칩니다.

코로나19가 여전히 횡행하고 있는 시절 양지 연구실에서

이상웅 자서(自序)

차 례

서문

1부 원수의 목전에서 상을 차려주시는 하나님 시 23편 ·· **13**
1. 여호와는 나의 목자(23:1) ·· **15**
2. 푸른 풀밭과 쉴 만한 물가로(23:2) ·· **33**
3. 뒤집힌 양(23:3) ·· **52**
4. 사망의 음침한 골짜기(23:4) ·· **74**
5. 내 잔이 넘치나이다(23:5) ·· **94**
6. 선하심과 인자하심이 따르는 인생(23:6) ·· **114**

2부 살진 송아지를 잡아 잔치하시는 아버지 눅 15:11-32 ·· **127**
1. 집 나간 탕자를 기다리시는 아버지(15:11-24) ·· **129**
2. 집안에서 길을 잃은 탕자(15:25-32) ·· **155**

3부 아침상을 차려주시는 예수님 요 21장 ·· **175**
1. 와서 조반을 먹으라(21:1-14) ·· **177**
2. 네가 나를 사랑하느냐?(21:15-23) ·· **196**

미주

1부

원수의 목전에서

상을 차려주시는 하나님

시편 23편

1. 여호와는 나의 목자

여호와는 나의 목자시니 내게 부족함이 없으리로다(시 23:1)

시편 23편은 우리가 잘 아는 말씀이지만 천천히 한 절씩 음미하면서 다시 한 번 우리 인생의 목자이신 하나님의 품에 안기는 축복의 시간이 되시기를 바랍니다. 시편 23편은 우리가 태어나서 말하기 시작하면서부터 장년과 노년에 이를 때까지 암송하고 즐겨하는 장입니다. 특별히 서양에서는 장례식에서도 이 시편을 사용하는 것을 보았습니다. 찬송이나 CCM으로 만들어진 노래들을 많이 알고 있습니다. 제가 언젠가 어떤 찬양 테이프를 산 적이 있는데 그 내용 전부가 23편에 관한 곡들이었습니다. 그러하기에 단적으로 말하면 우리는 23편과 더불어 인생을 시작하고, 23편과 더불어 인생을 마감한다고 말할 수도 있을 것입니다. 하지만 일 분 정도 만에 다 외울 수 있는 이 6절이 그렇게 간단한 것이 아닙니다. 사실은 파란만장한 다윗의 인생이 농축되어 있는 것이 바로 이 시편 23편입니다. 한 사람의 신앙의 여정의 정수를 모아 놓은 것이 바로 이 시편 23편입니다. 그래서 어떤 분은 "나는 20년 동안 시편 23편을 묵상을 하는데 얼마나 시편 23편이 깊은지 묵상할 내용이 많은지 나는 절반도 모르겠다"고 고백 하였습니다. 또한 어떤 신학자는 "시편 23편은 150개의 시편을 요약한 것이다"라고 말하였습니다. 이처럼 시편 23편을 우리가 너무나 잘 알고 익숙한 본문이지만, 그 내용의 깊이를 다 헤아리기가 쉽지가 않습니다.

먼저 1절 말씀을 한번 읽어보도록 하겠습니다. "여호와는 나의 목자시니 내가 부족함이 없으리로다." 우리는 어린 시절 다윗이 고향 베들레헴 들녘에서 아버지 이새의 양 몇 마리를 치는 목동으로 지낸 적이 있다는 것을 잘 알고 있습니다. 그런 측면에서 볼 때 다윗은 목자와 양의 관계가 어떤지를 체험적으로 잘 알고 있었습니다. 그리고 나중에 그가 양치기를 하다가 왕이 되었을 때도 목자의 경험에 근거하여 자신의 백성들을 다스렸습니다. 시편 78편을 보면 다윗이 양을 돌보는 목자 역할을 잘하고 또 백성을 돌볼 때도 목자같이 백성들을 섬세하게 잘 돌보았다고 말하고 있습니다.

양이란 어떤 동물인가?

그러면 먼저 우리는 양이 어떤 동물인지를 한번 생각해 보았으면 좋겠습니다. 보통 우리가 양이라고 하면, 대부분 흰색의 동물을 생각하지만 검은 양도 있다고 합니다. 그리고 양의 성격도 유순하다고 생각합니다. 어떤 목사님은 아버지가 수의사이셨기에 목장에서 어린 시절을 보내었다고 합니다. 어느 날 목사님은 자신이 사는 목장에 양이 들어온다는 말을 듣고 엄청난 기대를 했다고 합니다. 통상 우리가 생각하듯이 하얗고 유순한 양을 기대하면서 기다렸는데, 양이 들어오고 나서는 그 모든 환상이 깨어져 버리게 되었습니다. 실상 양이란 동물은 고집이 세고, 더럽고, 눈은 멀어서 한 치 앞도 잘 못보는 짐승이기 때문입니다. 그래서 이사야 53장 6절에 보면 "우리는 다 양 같아서 그릇 행하여 각기 제 길로 갔거늘 여호와께서는 우리 무리의 죄악을 그에게 담당시키셨도다"라고 말씀하는 것입니다. 양이 제 길을 고집하면서 길을 잘 잃어버리듯이 양 같은 우리 인생들도 마이 웨이My way하면서 다 제 갈 길로 갔다는 뜻입니다. 내 방식, 내 이야기만을 고집하는 사람은 이처럼 양과 유사한 성질을 가진 사람입니다. 그렇기에 양은 절대로 유순하고 착한 동물이 아닙니다. 우리가 양에 대해 가지는 모든 환상들을 깨어야 합니다.

그래서 우리가 성경을 읽어보면 양들을 묘사할 때에 길을 잃은 양들에 대해 자주 언급하는 것을 보게 됩니다. 왜냐하면 위험한 곳인 줄도 모르고 갔다가 마침내는 곤경에 처하는 경우가 많기 때문입니다. 또한 고집이 세기 때문에 돌아설 줄 모르고 낭떠러지로 나아가서 떨어져 죽는 경우도 있습니다. 그렇기에 내가 "하나님의 양입니다"라고 고백하는 것은 양의 속성을 너무나 잘 알고 있는 다윗의 입장에서 보면 그 말은 목자가 돌봐주지 않으면 제 생명 하나도 부지할 수 없는 그런 양과 같은 존재가 바로 자기 자신이라고 고백하는 것입니다. 이처럼 양은 자신의 목자에게 철저하게 의지하고 살아갈 수밖에 없는 동물(가축)이라는 점을 유념하는 것이 좋습니다. 그리고 환상을 깨고 성경을 읽어보면 목자와 양의 관계를 얼마나 친밀하게 묘사하는지를 보게 됩니다. 요한복음 10장에 보면 목자는 양의 이름을 부르고, 양은 그 목자의 음성을 알고 따른다고 했습니다. 이는 목자에게 있어서 양이란 하나하나 섬세하게 돌봐주지 않으면 자기 혼자 먹지도 못하고 자신 혼자 보호하지도 못하는, 그래서 아이처럼 주시하지 않으면 길을 잃고 죽을 수밖에 없는 존재가 바로 양이기 때문입니다. 그래서 다윗은 그런 경험들을 바탕으로 해서 하나님과 자신의 관계를 목자와 양의 관계라고 고백하고 있는 것입니다.

그러므로 아마 우리가 1절의 말씀을 제대로 이해한다면 신앙적인 분들은 아멘이라고 하나님 앞에서 고백할 수 있을 것이지만, 현대적인 트렌드와 시대정신에 물들어 있는 자들은 그런 의미를 잘 이해하지도 그리고 잘 받아들이지 못할 수 있습니다. 그러나 이 고백은 사람 앞에 의존적이며, 비굴해진다는 것이 아니라 하나님 앞에서 이루어지는 것입니다. 저 자신도 사람 앞에서 비굴해지는 것을 좋아하지 않습니다. 왜냐하면 제가 바라보고 의지해야 하는 분은 하나님이시기 때문입니다. 사람 앞에서는 당당해야 하고 의지하지 않는 것이 좋습니다. 사람은 사랑해 주어야 하는 사랑의 대상입니다. 그리고 내가 남이 어느 정도 의지할 만큼 신실한 사람이 되는 것은 좋습니다. 그러나 우리가 사람을 전적으로 의지하는 것은 문제가 됩니다. 우리는 하나님 앞에 서서 "나는 양입니다"라고 고백하는데 망설임이 없어야 하며, 기분이 나쁘지 않아야 합니다.

우리가 교회 내에서 양육이나 교육을 받으면서 주님의 주재권Lordship에 대해서 그리고 성도들의 청지기됨stewardship에 대해 배웁니다. 우리는 살아가면서 너무나 자주 '주여 주여' 라는 말을 사용합니다. 마태복음 7장에 보면 주님은 "나더러 주여 주여하는 자마다 다 천국에 들어가는 것"이 아니라고 경고하시는데도 불구하고, 우리는 일상적인 삶 속에서 너무나 자주 '주여 주여' 고백하고 있습니다. 그런데 우리는 '주여 주여'라고 하는 호칭이 "내가 당신의 종입니다. 마음대로 하십시오"라고 하는 뜻을 포함하고 있다는 것을 알고 '주여 주여'라는 호칭을 사용하는 것이 좋습니다. 마찬가지로 목자와 양이라는 관계에 있어서도 하나님이 우리의 목자가 되시어 필요한 것은 다 주시고, 가는 길은 내 마음대로 하고 내 뜻대로 하겠습니다 라고 고집하는 것은 하나님 앞에 반칙인 줄 알아야 합니다. 다윗은 이 모든 것을 제대로 알고 하나님 앞에 나는 당신의 양입니다, "주님이 이끄시는 대로 따라 가겠습니다"라고 겸손하게 하나님 앞에 고백하고 있는 것입니다.

성경에 보면, 목자와 양의 관계를 통하여 하나님과 이스라엘 백성 그리고 오늘날 성도들의 관계를 묘사할 때 사용합니다. 이 모든 사실은 우리는 우매무지하며 힘이 없다는 것을 표현하는 것입니다. 성도는 사자나 호랑이처럼 자기 몸을 지킬 수 있는 존재도 아니고, 자기가 원하는 음식을 구할 수 있는 존재도 아니고, 독수리처럼 하늘을 자유자재로 날 수 있는 것도 아니고, 고래처럼 물속을 헤엄칠 수 있는 존재에 비유

되는 것도 아니고, 양이라고 표현하고 있는 것은 그만큼 목자 되시는 하나님께서 먹이고 입히시고 지켜주시고 또한 갈 길을 인도하신다는 내용을 고백하는 것이라는 점을 우리는 기억해야 합니다.

여호와는 나의 목자

그다음에 다윗은 하나님이 내 목자라고 말하지 않고 "여호와는 나의 목자시니"라고 고백하고 있습니다. 여호와라는 발음보다 야훼라고 발음하는 것이 더 정확하다고 학자들은 말합니다. 그러면 여호와라는 이름이 언제부터 계시 되었는지를 기억해 내실 수 있으시겠습니까? 출애굽기 3장에 보면 나옵니다. 모세를 부르셨을 때에 "당신의 이름이 무엇입니까"라고 물으셨을 때에 하나님이 이렇게 말씀해 주셨습니다. "하나님이 모세에게 이르시되 나는 스스로 있는 자니라. 또 이르시되 너는 이스라엘 자손에게 이같이 이르기를 스스로 있는 자가 나를 너희에게 보내셨다 하라."(출 3:14). 하나님께서는 스스로 있는 자라고 말씀하십니다. 여기에 있는 우리 모두는 스스로 있는 자들이 아닙니다. 오직 하나님만이 스스로 있는 자존자이십니다. 그것도 영원자존자이십니다. 삼라만상은 다 시작과 끝이 있지만, 하나님에게는 시작도 끝도 없고 영원하신 자존자이십니다. 그래서 히브리어에서 여호와라는 이 단어 혹은 나는 스스로 있는 자라는 이 구절을 깊이 이해하면 우리에게 큰 의미로 다가옵니다.

그러나 나는 스스로 있는 자라고 우리말로 번역된 히브리어 구절 에흐예 아세르 에흐예라고 하는 구절은 내가 스스로 있다는 의미도 있지만 앞으로 나와 동행하면서 두고 보아야 내가 누구인지를 알아갈 수 있다고 하는 I will be who I will be 의미로 번역을 할 수도 있습니다. 하나님은 몇 마디 말로 정의내려질 수 있는 분이 아니시기 때문입니다. 한번 생각을 해 보십시다. 혹시 어떤 존재가 저나 여러분의 머리에 파악이 된다면 그 존재는 나보다 셉니까? 비슷합니까? 나보다 못한 것입니까? 예를 들어 대학교를 다니는 아들에게 어머니가 "내가 너를 모르냐? 내가 너를 10달이나 뱃속에 품고 있다가 낳았는데 내가 너를 모르겠냐? 내가 널 다 안다"라는 말을 하는데 과연 맞는 것일까요? 우리는 실제로 자녀에 대해 다 알지 못합니다. 그렇기에 우리는 자녀에 대해 겸손한 마음으로 "네가 누구냐?"라고 물어보아야 하는 것입니다. 이처럼 자식도 잘 파악이 안 됩니다. 또한 아내나 남편 배우자들끼리도 전부 다 알 수 없습니다. 20년을 살아도 상대방에 대해 다 알 수 없습니다. 그렇기에 내가 하나님을 파악한다, 지성적으로 하나님이 내 머릿속에 들어온다고 말한다면, 그것은 진짜 하나님이 아니라 우상인 것입니다. 그래서 믿음의 대선배 어거스틴은 "당신이 이해한다면 그것은 신이 아니다"*Si comprehendis non est Deus*라는 말을 남겼던 것입니다. "내가 알고 있는 하나님은 이런 분이야"라고 말하는 것은 뭘 모를 때나 하는 말이지 하나님을 점점 알아가면 알수록 하나님이 정말 어떤 분이지에 대해 잘 모르겠다는 겸손의 마음의 자세가 생기게 되는 것입니다. 그렇다고 영 모른다는 말이 아니지요. 알아가고 또 알아가지만 더 알아가야 하는 대상으로 남으시는 것입니다.

사랑하는 성도 여러분! 여호와라는 이름에 바로 그런 의미가 담겨져 있습니다. 하나님께서는 세상의 사람들이 말하는 것처럼 우리의 머리로 분석해서 이해되어지는 그런 존재가 아니라는 것입니다. 그래서 하나님은 모세에게 이름을 밝히는 것을 거부한 것입니다. 왜냐하면 이름을 안다고 해서 하나님을 다 안다고 그들이 착각하고 오해하기 때문입니다. 그래서 하나님은 모세에게 나와 함께 동행해보자고 말씀하셨고 그래서 출애굽의 역사가 이루어지게 된 것입니다. 그리고 모세는 광야에서 40년 동안 동행하면서 하나님이 어떤 분이신지 실제적이고 풍성하게 알게 된 것입니다. 또한 이스라엘의 역사를 두고 보면 어떻습니까? 하나님의 엄청난 역사를 경험하기도 하지만 때로는 불순종함으로 하나님의 진노를 받기도 합니다. 심지어 죄를 지으면 하나님의 성전을 가진 하나님의 백성, 선민들도 망할 수 있다는 것을 경험하게 되었습니다. 하나님은 사랑의 하나님이시면서도 거룩하신 분이시다는 것을 보여주신 것입니다. 그리고 그렇게 체험한 모든 하나님에 대한 지식을 모아야 여호와의 이름 뜻이 되는 것입니다. 여호와가 누구냐? 라고 물었던 모세의 질문에 대한 대답은 구약 전부를 의미하는 것이라고 보시면 됩니다.

그리고 하나님께서 자신을 가장 정확하게 알려주신 것 곧 계시의 절정은 바로 예수 그리스도의 성육신입니다. 왜냐하면 예수님은 하나님의 형상이시고 예수님은 하나님을 100퍼센트 투명하게 보여주시는 성자 하나님이시기 때문입니다. 그래서 예수님의 말과 태도와 행동을 보고 있으면 하나님 아버지를 보지 않아도 그분이 어떤 분인지를 정확하게 알 수 있는 것입니다. 그리고 신약의 성도들은 예수님의 말씀처럼 성령을 받으면 예수님에 대해 더 잘 알게 됩니다(요 14:16). 성령님도 사랑의 영으로서 거룩의 영으로서 나타나시는 것처럼 예수님도 아버지가 어떤 분이신지를 보여주셨습니다. 특별히 십자가를 바라보고 있으면 무슨 생각이 드십니까? 성경적으로 바른 생각은 두 가지입니다. 첫째로는 하나님이 자기의 아들을 아끼지 아니하시고 이 땅에 보내셨다는 것입니다. 둘째로 아들은 스스로 자원해서 이 땅에 오셨다는 것입니다. 그리고 십자가에 죽기까지 순종하셨습니다. 바로 이 예수님의 생애와 말씀을 들여다보면 여호와는 나의 목자시니 고백할 때의 그 여호와가 어떤 분이신지를 완벽하게는 아니지만 선명하게 이해할 수 있게 되는 것입니다.

과거 부교역자 시절 저는 대학생들을 지도하면서 필립 얀시의 『내가 알지 못했던 예수』라는 책을 함께 공부한 적이 있습니다.[1] 그런데 이 책을 읽다가 은혜를 받았습니다. "아! 예수님이 이런 분이시구나"하고 말입니다. 물론 그 책의 내용은 제가 너무나 잘 알고 있는 내용이었습니다. 모태 출석 교인인 저에게는 너무나 익숙한 그런 내용들이었습니다. 그런데 그 책을 통해 실존적으로 제가 예수님을 새로이 만나게 된 것입니다. 인격적으로 예수님을 만난 것입니다. 너무나 좋았습니다. 왜냐하면 자기 자신의 아들까지 날 위해 내어 주신 그분이 다른 그 모든 것들도 내게 주실 것이라는 사랑의 증거라는 사실을 깊이 깨달았기 때문입니다. 사랑하는 여러분! 누가 누구를 위해 목숨을 버릴 정도면, 그 이상의 사랑은 없는 것입니다. 하나님의 사랑, 부모님의 사랑, 사람들의 사랑, 그 어떤 사랑이든 자기의 목숨을 내어주는데 그 이상의 증거가 무엇이 더 필요하겠습니까? 연애하는 분들 한번 생각해 보십시오. 상대가 날 위해 아낄 것이 없다면 그것은 분명히 사랑입니다. 목숨도 아끼지 않는다. 자신을 아끼지 않고 함께 하고 물질도 주고, 이런저런 것들을 통해서 우리는 사랑을 느낍니다. 하물며 목숨을 주는 것만큼의 사랑이 어디에 있습니까? 이러한 사랑의 마음은 부모가 되어보면 잘 알 수 있습니다. 특히 부모가 되어 자식을 잃어보면 하나님이 자신의 아들을 아끼지 아니하시고 이 땅에 보내사 십자가에 죽게 하심이 절대적인 사랑의 표현이라는 것에 이의를 제기하지 않게 됩니다. 저는 개인적인 체험을 통해서 자기의 아들을 아끼지 아니하시고 내어주시어서 십자가에 못 박혀 죽게 하신 하나님이 무조건 선하시다라고 하는 사실을 철저하게 깨닫게 되었습니다. 여러분 하나님은 절대적으로 선하시다는 사실에 대해서 마음으로 아멘 하십시다.

부족함이 없으리로다

이제 1절 하반절에 있는 내가 부족함이 없으리로다는 말씀을 생각해 보겠습니다. 여러분 어떻습니까? 이 말씀에 쉽게 동의를 하십니까? 우리가 앞서 본 것처럼 정말 다차원적인 의미에서 예수님이 우리를 위해 하신 일, 아버지가 하신 일이라는 근본적인 은혜의 사건을 바탕에 두지 않으면 절대로 1절 하반절을 고백하기 어렵습니다. 왜 그렇습니까? 다윗을 한번 보십시오. 그는 파란만장한 삶을 살았습니다. 그렇다면 우리들은요? 부족과 결핍투성이 아닙니까? 이처럼 우리는 늘 부족합니다. 그런데 어찌 부족함이 없으리로다라는 이 말을 이해할 수 있겠습니까? 어떤 의미에서 볼 때 하나님께서 하시는 일이 내가 볼 때 마음에 들지 않을 때도 있습니다. 이것이 욥기서의 대표적인 주제입니다. 내 계획과 내 뜻과 내가 하고자 하는 데로 하면 이 세상은 이렇게 되지 않을 텐데 하나님 어떻게 하십니까라는 것이 바로 욥기서의 탄식입니다. 욥이 나빠서 나쁜 것이 아니라 그렇게 생각한 그것이 나쁜 것이고 하나님은 욥의 바로 이러한 생각을 교정해주셨습니다. 즉, 하나님 나 이해 못합니다라는 그의 생각을 교정하신 것입니다. 이처럼 우리들 역시 부족과 결핍이 많이 있습니다. 그러나 십자가 사건을 중심으로 여호와 하나님, 예수님, 그리고 그 이후에 오신 성령님을 생각할 때에 비록 우리의 힘듦과 부족과 결핍이 많다 할지라도 오해하지 않고 잘 모르지만 "하나님은 선하십니다, 하나님은 나를 사랑하십니다, 나보다 나를 더 사랑하십니다"라고 고백하게 되는 것입니다.

혹시 여러분 가운데 인생을 살아오면서 자살 충동을 한 번도 느껴본 적이 없다고 말할 수 있는 분이 있으십니까? 사실 우리의 인생살이가 그렇게 행복하기만 한 경우는 극히 드물다고 할 것입니다. 젊었을 때는 젊은 대로, 그리고 부모가 되어도 내일 안 일어났으면 좋겠다는 생각을 우리는 가끔씩 합니다. 그런 충동이 가끔씩 생긴다는 것입니다. 사람들은 자기 자신을 포기하고 방기하는 경우가 너무 많습니다. 젊을 때는 술이나 쾌락, 오락 등에 자신을 던져서 몸과 마음과 정신을 망가뜨리는 삶을 삽니다. 그런데 하나님은 우리를 포기하지 않으십니다. 바로 이것이 하나님이 우리를 사랑하신다, 나보다 나를 더 사랑하신다는 것입니다. 그래서 견인의 은혜를 결혼에도 적용하는 것입니다. 하나님의 은혜가 아니면 우리의 결혼도 지속될 수 없는 것입니다. 그러므로 부족과 결핍이 있더라도 하나님의 근본적인 은혜를 생각해 보시기를 바랍니다. 바로 거기에서 우리는 일어설 수 있는 근거를 가지게 되는 것이며, 거기서 일어서야 답이 나오는 것입니다. 즉, 나는 부족합니다. 나는 결핍과 부족이 있습니다. 건강도 약합니다. 그럼에도 불구하고 우리가 소망을 가지는 것은 하나님의 사랑 때문입니다. 그 사랑에 바탕해서 설교자들은 말씀으로 설교하고 전하는 것입니다.

사랑하는 여러분! 하나님과 우리의 관계에 있어서, 자기 아들을 아끼지 않고 독생자를 주셨다면 그것은 하나님에게 있어 나의 가치가 얼마나 큰지를 보여주는 것입니다. 믿는 우리의 가치, 적어도 하나님의 독생자하고 대등하게 여기셨다는 것입니다. 어떤 분들은 무엇을 주고 바꾸는 것에 있어서 바꾼 것이 더 중요한 것이라는 생각에 하나님은 독생자보다 자신을 더 사랑하셨다고 말하시는 분들도 있습니다. 영적인 자존감을 가지고 사는 것은 좋은데 그 정도까지 아니라도 십자가를 통한 하나님의 사랑이 얼마나 크고 위대한지를 우리는 느끼고 알아야 하는 것입니다. 하나님이 우리의 인생을 책임지십니다. 그럼에도 불구하고 우리에게 없는 것이 생기는 이유는 두 가지입니다. 첫째로는 기도하지 않기 때문에 안 주시는 것입니다. 우리에게 꼭 필요한 것이라면 우리가 하나님께 기도하고 간구하면 주십니다. 특히 중요한 것들은 기도해야 주십니다. 두 번째 하나님이 안 주시고 핍절하다고 불평 원망이 생기는 이유는 지금 내게 필요 없기 때문입니다. 이것도 아멘 하셔야 합니다. 우리가 알고 있는 것처럼 우리는 얼마나 근시안적입니까? 저도 안경을 두껍게 끼고 있기 때문에 제가 본다면 얼마나 멀리 보겠습니까? 저보다는 하나님이 더 멀리 보십니다. 하나님은 영원이라는 관점에서 영원자존자의 관점에서 그때그때 보시면서 우리에게 필요한 것을 공급하시는 분이 우리 아버지 하나님이십니다. 그러므로 그 하나님을 믿어야 하는 것입니다.

어떤 목사님이 장애를 가진 아이들, 말하지도 못하고 듣지도 못하는 아이들에게 가서 설교를 하게 되었습니다. 칠판 앞에 한 여자아이를 불렀습니다. 글자로 누가 세상을 창조했느냐고 물었습니다. 아이는 '태초에 하나님이 천지를 창조하셨습니다'라고 글로 답했습니다. 그다음에 목사님이 이렇게 물었습니다. "하나님의 백성이 어떻게 되니? 재창조가 어떻게 되니?" 그때 이 소녀는 디모데전서 1장 15절 말씀을 칠판에 썼습니다. "미쁘다 모든 사람이 받을 만한 이 말이여 그리스도 예수께서 죄인을 구원하시려고 세상에 임하셨다 하였도다 죄인 중에 내가 괴수니라." 벙어리에 귀머거리인 소녀의 이 대답에 목사님은 깜짝 놀랐습니다. 그리고 목사님이 정말 묻고 싶었던 질문을 그 소녀에게 물었습니다. 왜 전능하신 하나님은 다른 사람들은 말하기도 하고 듣기도 하는데 너는 듣지도 말하지도 못하게 만들었다고 생각하느냐? 아이의 눈에는 눈물이 한가득 고인 채 칠판에다 글을 적기 시작했습니다. 그 글귀는 이 목사님의 마음에 철필로 새긴 것처럼 깊이 각인이 되었습니다. 소녀는 이렇게 칠판에 썼습니다. "그러할지라도 하나님 아버지께서는 그것이 가장 좋아 보이시기 때문입니다."

지금 여러분에게 어떤 부족과 결핍이 있다고 하더라도 이 아이에 비교해서 생각해 본다면, "아, 그래도 나는 괜찮네"라고 판단하시게 될 것입니다. 이 아이조차도 그리스도의 십자가와 그 은혜를 알고 보니 힘들긴 하지만, 하나님께서는 가장 좋은 것을 제때에 주시는 분이시다. 우리의 목자가 되시는 분이시다 라고 고백할 수가 있었던 것입니다. 그래서 우리가 이 1절의 말씀을 제대로 이해하고 가슴으로 받아들이면 우리가 가진 주권을 내려놓게 됩니다. 우리가 하나님이 어떤 분이신지를 알고 그가 우리의 목자가 되신다는 것을 인정하게 되면 우리의 주재권을 내려놓게 됩니다. 우리의 고집과 아집을 내려놓게 됩니다. "하나님이 좋은데 우리의 돈과 시간과 모든 필요한 것은 주시고 대신에 인생의 계획은 내가 짜겠습니다, 내가 잘할 수 있으니 하나님은 투자만 하세요"라는 식으로 말하지 않을 것입니다. 오히려 "하나님께서 내 인생의 목자가 되시고 길잡이가 되셔서 나를 이끌어 가주십시오, 제가 믿고 따라가겠습니다"라고 말하게 되실 것입니다. 그리고 어린아이와 같은 마음을 가지고, 겸손과 온유함으로 하나님의 말씀을 배우고 익히겠습니다고 하는 자세를 가지게 되실 것입니다.

2. 푸른 풀밭과 쉴 만한 물가로

그가 나를 푸른 풀밭에 누이시며 쉴 만한 물 가로 인도하시는도다(시 23:2)

독일의 소설가인 토마스 만의 소설 가운데 이런 이야기가 있습니다. 유럽의 어느 어촌 마을에 관광객이 찾아왔습니다. 어부가 배에 편안하게 누워서 쉬고 있으니까, 아니 왜 이렇게 삽니까, 열심히 일하셔야지요? 그렇게 간섭을 했습니다. 그러자 어부가 묻습니다. 왜 그렇게 살아야 합니까 라고 말입니다. 그러자 도회지에서 온 사람이 설명을 합니다. 당신이 열심히 일해야 공장이라도 하나 세울 것이고 그렇게 돈을 많이 벌어야 삶의 여유가 생기지 않겠느냐고? 그러자 어부는 되묻습니다. 그렇게 되면 뭐가 좋습니까? 그러자 도회지 사람은 말합니다. 나처럼 돈을 잘 벌고 여유가 생기면 이렇게 휴가철에 멋진 바닷가로 휴가를 갈 수 있지 않겠느냐고? 그러자 어부가 하는 말이 아니, 나는 일하다가 쉬고 싶으면 이렇게 바닷가에서 쉬기도 하고 하는데 이미 내가 누리고 있는 여유를 위해서 그렇게 열심히 일하고 고생을 해야 합니까? 별것 아니구만요 하고는 계속 쉬더라는 이야기입니다.

현대인들의 특징은 참된 안식을 누릴 줄을 알지 못하고 있다는 것입니다. 현대인들은 사회생활이나 가정생활 속에서 계속 경험하는 많은 긴장과 스트레스를 어떻게 풀어야 하는지를 알지 못하고 있습니다. 그들은 쉴 수 있는 충분한 시간이 있다고 하더라도 레저 활동이라는 미명하에 여러 가지 오락으로 때워 버리기 일쑤입니다. 하지만 오락을 통해서 참된 안식과 쉼을 얻으려고 하는 것은 마치 스폰지로 된 과자를 꿀꺽 삼키는 바와 다름이 없다고 고든 맥도날드 목사는 지적했습니다.[2] 인간은 영육으로 이루어져 있기 때문에 몸만 쉰다고 해서 그 영혼이 안식을 얻지 못하는 것입니다. 오늘 우리는 참된 영혼의 안식과 쉼이 어디에 있는지를 다윗이 지은 시편 23편 2절 말씀을 통해서 살펴보고자 합니다. 2절을 다시 같이 읽겠습니다.

"그가 나를 푸른 풀밭에 누이시며 쉴 만한 물 가로 인도하시는도다."

세상 속에서 믿음으로 살고자 분투노력하면서 감격도 있지만, 달리는 지치고 곤한 몸과 마음으로 오신 여러분들에게는 이 구절이 어떻게 느껴지십니까? 우리는 많은 양떼들이 푸른 풀밭에서 풀을 뜯어 먹고 있거나 얕은 개울가에서 물을 먹고 있는 것을 소재로 한 사진이나 성화들을 많이 보아왔습니다. 아마도 시편 23편 가운데도 이 구절이야말로 가장 아름답고 낭만적인 느낌을 자아내는 것 같습니다. 목자의 인도하에 푸른 풀밭에서 풀을 뜯어 먹고 있는 양의 모습, 개울가에서 물을 마시고 있는 모습을 본다거나 연상하는 것은 순간적이기는 하지만 우리의 마음에 여유로움과 평화스러운 느낌을 가지게 해줍니다. 아이들뿐 아니라 어른들에게도 동일한 정서를 유발하는 그림입니다. 정말 우리의 마음과 영혼도 그처럼 푸른 풀밭과 쉴만한 물가로 나아가서 편히 쉬게 되고 꼴을 얻었으면 좋겠다는 심정이 간절하게 일어나지 않습니까?

　오늘 우리는 다윗의 고백을 통하여서 양으로 하여금 푸른 풀밭에 뉘어 쉬게 하며 쉴만한 물가로 인도하기 위해서 목자가 어떻게 수고하는지를 보게 될 것입니다. 그와 같은 목자의 배려와 수고를 통하여서 우리의 선한 목자이신 하나님이 우리를 위해서 무엇을 하시는가를 유추해서 생각해 볼 수가 있게 되는 것입니다. 목자의 양에 대한 세심한 배려와 땀 흘리는 수고를 보면서 우리는 하나님께서 우리들을 위해서 그 얼마나 더 수고 진력하고 계시는가 하는 것을 헤아려 보아야 하는 것입니다.

그가 나를 푸른 풀밭에 누이시며

양을 먹이지 않는 우리들이 보기에는 풀밭에 드러누워 한가로이 되새김질을 하고 있는 양떼들의 모습을 보면서 그저 평안함을 느낄 뿐입니다마는, 양으로 하여금 그렇게 만족하게 먹이고 풀밭에 드러누워 평안히 쉴 수 있게 하는 데에는 목자의 수고가 크다는 것을 알아야 합니다. 목자는 양떼를 위해 엄청난 수고를 해야 한다는 것입니다. 필립 켈러(W. Philip Keller, 1920-1997)라고 하는 분은 동아프리카에서 수백 마리의 양을 직접 먹이면서 여러모로 양의 생태를 연구하였습니다. 그리고 나서 『목자와 양』*A Shepher Looks at Psam 23*이라는 아주 좋은 책을 썼습니다.[3] 그는 양들은 그 생리상 네 가지 필요조건을 충족시켜 주지 않는 한 양들을 누워있게 하고 쉬게 하는 것은 거의 불가능하다고 말합니다. 그 네 가지 조건이란 이런 것들입니다.

첫째, 양들은 본래 겁이 많은 동물들인지라 모든 두려움에서 벗어나지 않으면 누우려 하지 않는다는 것입니다.

둘째, 양들 간에도 긴장과 적대 의식 그리고 잔인한 경쟁이 있다고 합니다. 양들은 이마로 상대를 들이받아서 힘겨루기를 한다고 합니다. 에스겔 34장 21절을 보면 이와 같은 힘센 양들의 행패에 대해서 말해 주고 있습니다. "너희가 옆구리와 어깨로 밀어뜨리고 모든 병든 자를 뿔로 받아 무리를 밖으로 흩어지게 하는도다." 따라서 양들은 양떼 속에서 벌어지는 양들 간의 싸움이 쉬지 않으면 누우려 하지 않는다는 것입니다.

셋째, 파리나 기생충으로 말미암아 괴로움을 받는 경우에도 양들은 누우려 하지 않는다는 것입니다.

넷째, 양들은 배부르게 꼴을 먹지 않는 한 누우려 하지 않는다고 합니다.[4]

이상과 같은 조건들이 충족되어야만 양들이 풀밭에 쉬면서 한가로움을 즐긴다는 것인데, 이러한 조건을 충족시켜 주기 위해서는 목자의 역할이 참으로 커질 수밖에 없습니다. 목자는 양떼가 안심하고 쉴 수 있도록 호시탐탐 기회를 노리고 있는 들짐승들로부터 양떼를 보호해주고 지켜 주어야만 합니다. 밤의 추위를 무릅쓰고, 또한 낮의 더위를 무릅쓰고 양떼를 지키고 돌보는 것은 성실하고 참된 목자의 표준적인 모습인 것입니다. 이 대목에서 우리는 예수 그리스도께서 나시던 밤에 천군 천사가 누구에게 나타났던가를 생각해 볼 필요가 있습니다. 누가복음 2장 8절에 보시면 "그 지역에 목자들이 밤에 밖에서 자기 양 떼를 지키더니" 주의 천군 천사가 홀연히 나타나서 그들에게 구주 나신 소식을 전해 주었다고 했습니다. 또한 목자는 양들 사이에서 일어나는 힘겨루기 싸움을 방지하게 위해서 그들 가운데 자주 다니면서 순찰을 해야 합니다. 또한 목자는 양 한 마리 한 마리를 부지런히 살펴서 파리나 기생충에 의해서 시달리고 있지는 않은지를 유심히 관찰해 보아야 합니다. 그리고 그러한 병균들에 감염된 것을 발견하게 되면 약물치료를 해 주어야 합니다.[5]

그러나 뭐니 뭐니 해도 양들도 일용할 양식을 풍족히 먹어야 만족하는 동물입니다. 만약에 충분한 양식을 공급해 주지 않는다면 양떼들은 결코 드러누워서 한가로이 쉬지는 않을 것이기 때문입니다. 우리가 잘 몰라서 그렇지 양떼들에게 좋은 꼴을 공급해 주는 이것이 결코 쉬운 일이 아닙니다. 중동 지역의 목자들은 자신들의 양떼를 먹이기 위해서 풀이 많은 곳을 찾아다녀야만 했습니다. 양들이야 매끼마다 주어지는 대로 풀을 뜯어 먹으면 그만이지만, 목자들은 한 곳의 풀이 다한 다음에 또 어디에 데리고 가서 풀을 먹일 것인가 하는 것을 항상 생각하고 탐색해야만 하는 것입니다. 그래서 목자들은 자신의 양떼들을 이끌고서 이곳저곳을 옮겨 다니면서 풀을 뜯게 하기 때문에 유목민nomad이라고 불리우는 것입니다. 그리고 목자가 양떼를 먹일 푸른 풀밭을 힘들어서 만드는 경우도 있습니다. 서유럽의 네덜란드 같은 낙농 국가에서는 시 외곽에 나가면 푸른 풀밭들과 그 사이 사이에 있는 운하를 많이 볼 수가 있습니다. 그와 같은 푸른 풀밭을 만들려고 하면 역시 목자가 땀을 흘려서 돌을 가려내고 풀씨를 뿌리고 비료를 주고 정성을 기울이는 수고를 해야 가능한 것입니다.[6]

결국 이와 같은 설명들이 무엇을 의미합니까? 양이 푸른 풀밭에서 풀을 뜯으며 드러누워 편히 쉬고 있는 모습이 양에게는 행복스럽고 만족스러운 안식의 시간이겠지만, 그와 같은 환경을 마련해 주기 위해서 목자는 수고 진력하지 않을 수가 없다고 하는 것입니다. 목자는 그와 같은 푸른 풀밭을 만들어 주든지 아니면 그와 같은 초장으로 인도해 주어야 하는 자입니다. 그리고 양떼들은 목자가 인도하는 대로 따라가기만 하면 푸른 풀밭을 누리게 되는 것입니다.

쉴 만한 물가로 인도하시는도다

목자가 양떼들을 위해서 배려하고 신경을 써주어야 하는 것은 푸른 풀밭뿐 아니라 쉴 만한 물가로 인도하여 물을 마시게 하는 일도 있다는 것을 2절 하반절에서 말씀하고 있습니다. 사람도 마찬가지이지만 양떼들도 풀만 먹고는 살 수가 없으며, 맑고 시원한 물을 마시기도 해야 하는 존재입니다. 양과 같은 동물의 몸은 대략 70퍼센트의 물로 이루어져 있다고 합니다. 수분은 체내에 있는 각 세포의 일부가 되어서 그 세포에 탄력을 주고 정상적인 생명의 기능들을 유지시켜 줍니다. 그래서 물은 양의 생기와 힘과 활력을 결정해 주는 것으로, 그 양의 건강과 전반적인 복지에 필수적인 요소가 되는 것입니다.[7] 목자는 양떼들의 생명에 필수적인 물을 공급해 주기 위해서 그 양떼를 쉴 만한 물가로 인도해 주어야만 하는 것입니다.

우리말 성경에는 "쉴 만한 물가로"라고 번역했지만, 히브리어 구절(메 메누호트)은 물살이 거세지 않고 천천히 흐르는 물을 가리킵니다. 그래서 영어 성경에는 still waters(AV), 혹은 quiet waters(NIV) 등으로 번역을 했습니다. 이사야 8장 6절에 보면 천천히 흐르는 실로아의 물이라는 표현이 나옵니다. 양이라는 짐승은 소리를 요란하게 내면서 거칠게 흘러가는 개울물에 대해서 공포심을 가지고 있다고 합니다. 왜냐하면 짐승들 가운데서 양이 가장 수영을 할 줄 모르는 짐승이기 때문입니다. 물에 한 번 빠지게 되면 긴 양털이 마치 스폰지를 물에 듬뿍 적셔놓은 것처럼 되어서 물 아래로 끌어당기는 역할을 하기 때문에 헤엄을 칠 수가 없다는 것입니다. 그렇기 때문에 목자는 양떼들을 아무 데나 끌고 가서 물을 먹일 수가 없습니다. 물이 흘러가는 개울이라고 해도 조용하게 흘러가는 물가로 이끌어 가야 하는 것입니다.

다윗이 살고 있던 유대 남부 지역에는 사막이나 광야 지역이 많아서 물을 구하기가 쉽지가 않았습니다. 구약성경에서 네게브 혹은 네겝*negeb*이라고 번역도 안 하고 소개하는 지역입니다. 그리고 다윗이 도망자로서 많이 다녔던 곳이기도 합니다. 시편 63편 1-4절에 있는 주옥같은 찬송 가사가 바로 그 네게브를 배경으로 하고 지어졌습니다.

> 하나님이여! 주는 나의 하나님이시라. 내가 간절히 주를 찾되 물이 없어 마르고 황폐한 땅에서 내 영혼이 주를 갈망하며 내 육체가 주를 앙모하나이다. 내가 주의 권능과 영광을 보기 위하여 이와 같이 성소에서 주를 바라보았나이다. 주의 인자하심이

생명보다 나으므로 내 입술이 주를 찬양할 것이라. 이러므로 나의 평생에 주를 송축하며 주의 이름으로 말미암아 나의 손을 들리이다.

아무튼 그러한 네게브 지역에서 양을 치려고 하면, 양떼들을 마시우게 할 시내물이나 물 근원을 찾아다니는 것도 목자가 감당해 내야 하는 중요한 일거리 중 하나였습니다. 아니면 목자들은 양떼들을 마시우게 하기 위해서 비가 많이 오는 우기철에 물 저장고를 만들어 놓아야 했습니다. 땅속 깊이 파고 들어가서 지하 저수조를 만드는 수고로운 일도 역시나 목자가 할 일이었습니다. 그리고 빠트릴 수 없는 방법은 이른 아침에 내린 이슬을 듬뿍 머금은 풀을 양으로 하여금 뜯어 먹게 인도하는 것입니다. 아무튼 부지런하고 성실한 목자의 책임 아래 양떼들은 이와 같이 갈증에 시달리지 아니하고 적시에 마실 물을 공급받을 수가 있었습니다.

영적인 의미

이와 같은 배경적인 설명에 근거해서 이것을 우리들의 신앙생활에 적용을 해 보고자 합니다. 2절 말씀이 영적으로 의미하는 바가 무엇일까요? 다윗이 단순히 자신이 양을 어떻게 돌보았었는지만을 이야기하는 것이 아니기 때문입니다. 목자이신 여호와가 구체적으로 우리의 인생을 공급했다는 그런 말을 하고 있는 것입니다. 그러면 오늘 본문의 잔잔한 시냇가로 인도하시어 먹이시고 마시우고 쉬게 하시는 이 모든 것들이 영적으로 어떻게 적용이 되어지는 것일까요?

먼저 한 가지 중요한 질문을 드립니다. 마음으로 대답해 보시기를 바랍니다. 만족과 결핍의 사이에 끼어있는 우리들에게 하나님이 우리들이 고생하는 것을 기뻐하실까요? 기뻐하지 않으실까요? 예레미야애가 3장 33절에 보면 "주께서 인생으로 고생하며 근심하게 하심이 본심이 아니시로다"고 말씀하고 있습니다. 저는 이 구절을 가끔씩 기억을 해봅니다. 하나님의 본심이 아니시로다. 우리들도 그렇게 되든 안되든 마음으로는 우리의 자녀들이 고생을 안 했으면 하고 바랍니다. 그러나 만약에 사람이 자신의 자녀들이 고생하는 것을 원하는 경우가 있다고 하면 두 가지 종류인데, 하나는 부모로서의 자격이 없는 무책임한 경우이거나 아니면 비록 잠시 고생을 하더라도 그 고생을 통해서 얻는 더 좋은 것이 있기 때문에 썩 달갑지는 않지만 그래도 고생할 필요가 있다고 인정을 하는 경우입니다. 저는 시력이 많이 안 좋아서 단기사병으로 군복무를 했습니다. 고생도 되었지만 나름 배운 것이 많이 있습니다. 이제 아들도 현역 복무를 하고 제대를 했습니다. 군에 가기 전에 걱정이 되는 바가 있었지만, 군 복무를 통해 아들도 배우는 바가 있을 것이라고 생각했고 결과적으로 그러했습니다. 만약에 하나님께서 우리들에게 고난을 허용하신다면 우리가 다 헤아릴 수 없지만 하나님이 보실 때에 선한 뜻이 있어서 그러하실 것입니다.

그러나 근본적으로 하나님이 우리에게 원하시는 것은 불안과 근심에서 자유로운 삶을 사는 것입니다. 오늘 이 자리에 있는 우리들 가운데 불안이나 근심이나 마음의 스트레스나 노이로제, 막연한 불안, 문제 되는 것들이 더러 있을 것입니다. 그러나 하나님은 그것을 원하지 않습니다. 하나님은 우리들이 자유하기 원하십니다. 그리고 내 인생에서 하나님이 목자이시기에 늘 만족함이 있습니다라는 그런 고백을 원하시지 날마다 우리의 입술에서 불평과 원망을 늘어놓고 살면서, 늘 죽지 못해 산다는 그런 고백을 하나님이 원하시지 않습니다. 같이 따라 합시다. 하나님은 우리가 하나님 안에서 진정으로 만족할 때에 영광을 받으십니다. 웨스터민스터 신앙고백서 1문답을 해석하면서 존 파이퍼가 이렇게 말했습니다. "하나님은 우리가 그분 안에서 가장 만족할 때에, 우리 안에서 가장 영광을 받으신다."⁸ 즉, 하나님이 베풀어 주신 은혜를 받아들이고 만족하고 기뻐하고, 감사, 찬양하는 우리들을 통해 영광을 받으신다는 의미입니다.

예수님께서도 요한복음 10장 10절에 보면 "도적이 오는 것은 도적질하고 죽이고 멸망시키려는 것뿐이요 내가 온 것은 양으로 생명을 얻게 하고 더 풍성히 얻게 하려는 것이라"고 말씀합니다. 영어로 full-life 충만한 삶입니다. 예수님께서는 요한복음에서 너무나 자주 만족함으로 누리고 자유함을 누리고 있는 양의 모습과 같은 풍성한 삶을 누리기를 원하신다고 주님은 강조하셨습니다. 특별히 요한복음 6장 35절에 이렇게 말합니다. "예수께서 가라사대 내가 곧 생명의 떡이니 내게 오는 자는 결코 주리지 아니할 터이요 나를 믿는 자는 영원히 목마르지 아니하리라." 오늘 저와 여러분들이 풍성한 삶을 누리고 불안 걱정 염려를 벗어버리고 의미 가득한 삶, 보람이 있고, 감격이 넘치는 삶을 누릴 수 있는 권리를 가지고 있음을 기억하십시다. 혹시 내가 무엇이 부족합니까? 하는 생각을 하시는 분들도 있을지 모릅니다. 그러나 우리는 늘 부족합니다. 하나님이 채워주지 않으면 파스칼의 말처럼 우리의 마음에 허공이 있는 것입니다.⁹ 좋은 아파트, 사시에 합격하는 것, 성공출생 그것으로 우리의 공허감을 채울 수 없습니다. 그렇게 부족하고 결핍된 삶, 그것은 극단적으로 말해 하나님은 원하시지 않습니다. 오히려 우리가 하나님 안에서 자유하고 충만한 삶을 살기를 하나님은 너무나 원하십니다.

그러면 우리가 어떻게 해야 하겠습니까? 일단 목자이신 예수 그리스도께서 인도하시는 삶을 수용하셔야 합니다. 그리스도를 우리의 목자로서 인정하고 그분의 목양을 받아들이시기를 바랍니다. 그리고 불안하고 염려되고 걱정되는 오늘날 시대의 보험 하시는 분들을 뭐라고 욕하는 것은 아니지만 보험의 전략은 미래에 대해 불안해하고 염려하게 하는 것입니다. 암이나 병에 걸렸을 때 수술비로 사람의 마음에 두려움과 걱정을 줍니다. 하지만 우리가 성경으로 돌아가 보십시오. 이 양의 모습을 한번 생각해 보십시오. 저는 여러분에게 보험이나 저축을 하지 말라고 말하는 것이 아닙니다. 그러나 거기에 광적으로 매달림으로 우리의 장래가 보장되거나 그 속에서 안전 의식을 가질 수 있는 것이 절대로 아니라는 것입니다. 그러면 무엇입니까? "누구든지 내 손아귀에서 빼앗을 수 없다. 만물보다 내가 크다." 주님이 직접 우리에게 말씀하셨습니다. 그리고 로마서 8장에서 사도 바울이 내게 부족함이 없다고 말할 수 있었던 이유는 간단한 것입니다. "내가 확신하노니 사망이나 생명이나 천사들이나 권세자들이나 현재 일이나 장래 일이나 능력이나 높음이나 깊음이나 다른 아무 피조물이라도 우리를 우리 주 그리스도 예수 안에 있는 하나님의 사랑에서 끊을 수 없으리라."(38, 39절) 바울은 35-39절 사이에서 우리를 이길 수 없는 대적 17가지를 언급합니다. 여기에는 죽음을 포함한 모든 것이 포함됩니다. 그리고 17번째는 어떤 다른 피조물이라도 하나님의 사랑에서 끊을 수 없다고 그는 강조합니다. 여러분, 이만한 안전장치가 어디에 있습니까? 인간적으로 애쓰는 것은 좋으나 그것이 다가 아닙니다. 그리스도가 우리의 목자 되시어 이끌어 가시는 삶에 대하여 우리가 순종하고 따라갈 때에 우리의 마음이 푸른 풀밭과 잔잔한 시냇가에 누운 양과 같은 상태가 되는 것입니다.

사랑하는 성도 여러분! 여러분들의 삶 속에 이와 같이 풍성한 생명을 누리고 싶지 않습니까? 그러면 다음 질문입니다. 그리스도께서 믿는 우리들을 풍성하게 하시고자 허락해 주신 푸른 풀밭과 쉴 만한 물가가 무엇일까요? 우리가 신령한 꼴을 얻고 영적인 갈증을 해갈하기 위해서 주님은 은혜의 방편들을 제정해 주셨습니다. 우리가 어떻게 하면 생명의 떡이시고 생명의 음료이신 주님을 먹고 마실 수 있겠습니까? 그것은 주님을 믿음으로 받아들이는 것입니다. 그의 말씀을 사모하는 마음으로 달게 먹고 소화하는 것입니다. 주님은 이와 같은 목적을 위하여 성경이라고 하는 수단과 설교라고 하는 수단을 우리에게 허락해 주시었습니다.

우리는 이 공동체, 하나님의 백성들의 모임인 우리들의 모임을 일컬어서 진정한 의미에서의 교회라고 합니다. 하나님의 백성들이 모여서 하나님께 예배를 드리고 하나님의 말씀을 듣는 이 시간이 바로 푸른 풀밭과 잔잔한 쉴 만한 물가로 나아가는 시간인 것입니다. 우리는 어느 곳에 있으나 주님과 교통하며 살 수 있지만, 땅 위에 사는 동안은 부지런히 지교회에 모여서 예배하는 삶, 말씀을 듣고 배우는 삶을 살아야 합니다. 티브이나 인터넷을 통하여서 설교 방송을 들을 수 있지만 그것은 어디까지나 보조 수단일 뿐입니다. 함께 모여서 예배드리는 지교회 모임 시간을 귀하게 여겨야 합니다. 오늘날 어떤 사람들은 좋은 음식을 먹어보겠다고 몇 시간씩 운전해서 다녀오기도 합니다. 하지만 주님께서 허락하신 푸른 풀밭과 쉴 만한 물가로 나아가기 위해서 우리는 얼마나 애쓰고 힘쓰고 있는지를 생각해 보시기를 바랍니다. 베드로는 "갓난아기들 같이 순전하고 신령한 젖을 사모하라 이는 그로 말미암아 너희로 구원에 이르도록 자라게 하려 함이라"고 베드로전서 2장 2절에서 권면했습니다. 그리고 히브리서 기자는 "모이기를 폐하는 어떤 사람들의 습관과 같이 하지 말고 오직 권하여 그 날이 가까움을 볼수록 더욱 그리하자"(10:25)고 권면했습니다. 물론 이 자리에 여러분이 나아왔을 때에 신령한 꼴을 얻기 위해서 하나님의 말씀에의 봉사를 맡은 목회자가 감당해야 할 사명이 중하고 크다는 것을 잘 인식하고 있습니다. 결코 게을리할 수 없으며, 다른 어떤 사역보다도 우선시해야 하는 사역임을 잘 알고 있습니다. 사람의 귀에 듣기 좋은 소리를 해서 인기를 얻으려 하거나 자기가 하고 싶은 말을 하려고 해서도 안 된다는 것을 알고 있습니다. 그러나 어찌 되었든지 간에 이 시대에도 하나님께서는 변함없이 나약한 질그릇 같은 인간 목자들을 통해서 자기 양무리를 먹이고 마시우게 하신다는 것을 피차 기억해야 합니다.

사랑하는 성도 여러분! 여러분의 참된 목자이신 예수 그리스도의 부르심을 받들어서 그의 목장에서 일꾼으로 일하고 있는 목회자로서 간곡하게 권면의 말씀을 드립니다. 주의 백성들이 모여서 예배하며 주의 말씀을 듣고 마시기 위해서 예비된 공예배 시간들에 열심히 참여하는 일에 힘을 쓰시기를 바랍니다. 물론 형편 처지가 안되고, 또 개인적으로 성경을 부지런히 읽고 있으며 기도에 힘쓰고 있는 분이 있을지 모릅니다. 그러나 어찌 되었든지 간에 우리는 연약한 인생들이기 때문에 함께 모이는 것이 합당하고 유익하다는 것 부인할 수 없는 사실입니다. 예배당에 함께 모여서 예배하고 교제하는 시간들을 통하여서 들어가며 나가며 신령한 꼴, 생명의 양식, 생명의 음료를 마시우게 되는 것입니다.

다시 권면을 드립니다. 개인적으로 말씀을 사모하며 가까이하는 삶을 사시라고 권면을 드립니다. 우리가 하루에 많은 시간 동안 대중매체나 사람들의 목소리를 듣고 삽니다. 선하고 좋은 내용들도 많이 있겠지만, 우리의 신앙을 북돋우어주는 신령한 양식은 성경밖에 없습니다. 우리가 하루를 시작하면서 분주하더라도 기도하고 성경을 읽고 시작하시기를 바랍니다. 어떤 분은 바쁘시니까 전자 성경을 가지고 다니면서 영어 성경, 한글 성경을 듣는 분도 보았습니다. 노력해야 합니다. 그리고 짬을 내어서 의식적으로 하나님의 말씀을 묵상해야 합니다. 험악한 세상을 이길 수 있는 신령한 힘이 하늘로부터 임하는 것을 경험하고 사시기를 바랍니다.

양들은 목자의 인도를 벗어나서 메마르고 독성이 있는 풀들을 찾아다니곤 하는 버릇이 있습니다. 그리고 잔잔하고 쉴 만한 물가보다는 길가의 더러운 웅덩이를 찾는 경우도 있습니다. 그런 것들을 통해서는 좋은 양식과 신선한 음료를 얻지 못합니다. 오히려 양을 병들게 할 뿐입니다. 마찬가지로 오늘 우리들의 살아가는 이 세상이 제공해주는 성공, 성취, 업적, 쾌락, 지식, 정보, 그 어느 것도 우리의 영혼을 건강하게 하거나 성장하게 하는 일에 도움이 되지 않습니다. 그것은 우리의 영혼으로 배부르게 하지도, 시원하게 우리의 깊은 곳에 해갈함을 가져다 주지도 않고, 진정한 안식과 쉼을 가지게도 하지 않습니다. 그와 같은 참된 만족과 쉼을 얻고자 한다면 우리는 주님이 피 흘려 사신 푸른 풀밭과 맑은 시냇가로 즐겨 나아가야 하는 것입니다. 그가 허락하신 방편들인 말씀 묵상과 기도를 회복하시기를 바랍니다.

사랑하는 성도 여러분! 우리의 영혼의 건전한 성장과 풍성한 삶을 누리기 위해서는 조상의 우물을 다시 파야 합니다. 새삼스러이 다른 우물들을 팔 필요가 없습니다. 우리의 믿음의 선조들이 즐겨 이용하며 그 영혼을 살찌우고 해갈함을 얻었던 그 샘으로 다시 나아갑시다. 시작은 미미할지 모르지만 우리가 다시금 그와 같은 은혜의 방편들을 소중하게 여길 때에 우리의 메마르고 곤고한 영혼에 새로운 생기가 흘러들어옴을 경험하시게 될 것입니다.

3. 뒤집힌 양

내 영혼을 소생시키시고 자기 이름을 위하여 의의 길로 인도하시는도다

(시 23:3)

오래전에 인터넷에 회자되던 "천국의 련변 사람"이라는 글을 먼저 읽어드립니다. 세세한 것을 너무 깊이 새겨듣지 마시고, 그냥 흥밋거리로 들으시면서 약간의 교훈을 받으시면 되겠습니다.

고저 제가 있는 천국에서는 성경 10번 읽어가지고는 성경 보았단 소리도 못함다. 고저 100번 읽으면 고놈 이제 성경 읽기는 좀 하겠구나 함다. 한 200번 읽었다 싶으면 고놈 성경공부 시키면 좀 이해하겠구나 하고 의심은 해봄다.

우리 뒷집으로 최근에 천국 온 사람이 성경을 300번 읽었다고

자랑하다가 천사한테 끌려가서리 성경 인물 빙고게임하다 욱실 라게 혼나고 다시는 성경 많이 읽었다고 자랑 안 함다.

요전엔 성경 600번 읽었다고 자랑하던 권사님이 천사 앞에서 성경 외우다 글씨 하나 틀려가지구서리 고저 무쟈게 혼났음다.

그런데 어느 날이었음다.

예수님이 허허허 웃으시면서 이렇게 성경을 잘 아는 자가 누구냐며 하늘이 떠나가라 칭찬하시는 것이였음다.

나는 그래서 그 사람이 성경을 한 1,000번은 읽었나보다 생각했음다.

근데, 그게 아니였음다. 그는 성경을 이제 겨우 한번 읽고 오는 길에 사고가 나서 천국에 온 신입이었음다.

예수님이 성경에 대해 물었음다.

"성경에 대해 이야기해 보거라."

그러자 그가 떨리는 목소리로 이렇게 이야기하는 것이였음다.

"성경은… 고조… 사랑~입네다…"

그러자 예수님이 그를 쓰다듬으며 성경 제대로 안다며 칭찬하셨던 것이었음다.

내래 성경 1,000번 읽은 사람한테도 이런 말씀 하신 거 들은 적이 없었음다. 천국에서는 성경을 얼만큼 많이 읽었냐가 중요한

> 것이 아니라는 것을 그제야 깨달았음다아!

그렇습니다. 성경은 하나님이 사랑이시다는 것을 말씀하고 있고, 하나님이 우리를 사랑하사 자기 독생자를 아끼지 아니하고 주시기까지 하셨다고 선언하고 있는 책입니다. 하나님의 사랑은 아들의 성육신과 십자가에서 100퍼센트 투명하게 드러나고 증거되었습니다. 그리고 루터의 멋진 말처럼 "인간의 사랑은 그 사랑을 자극하는 매력을 통하여 존재하게 되지만, 하나님의 사랑은 사랑의 대상을 발견하는 것이 아니라 창조하신다"라고 하는 것을 우리는 항상 기억해야 합니다.[10] 우리는 다시 한번 묵상하고 있는 시편 23편을 통해서도 하나님의 사랑에 대해서 잘 확인할 수가 있습니다.

시편 23편은 목동이었던 다윗이 자신의 목양 경험을 바탕으로 하여 하나님과 자신의 관계를 고백한 아름다운 신앙 고백시입니다. 다윗은 2절에서 목자가 양을 푸른 풀밭으로 인도하여 편안하게 눕게 하며 쉴 만한 물가로 인도하듯이 하나님께서도 자신의 인생을 그와 같이 풍성함으로 채워 주셨다는 고백을 하였습니다. 양은 하루하루 주어지는 양식을 먹고 푸른 풀밭에 누워서 평안한 쉼을 가지는 것이 정상인 것 처럼, 다윗은 자신의 인생도 여호와께서 목자가 되시는 한 내일 염려할 것 없이 평안한 쉼을 얻을 수 있다고 고백하는 것입니다.

하지만 이어지는 3절에서 다윗은 하나님께서 자신의 영혼을 소생케 하셨다고 하는 충격적인 고백을 하고 있습니다. "내 영혼을 소생시키시고 자기 이름을 위하여 의의 길로 인도하시는도다." 여기서 '소생한다'라는 말은 응급실의 상황을 생각해 보면 이해가 빠를 것입니다. 어떤 이유에서 사람의 심장이 멈추었습니다. 그래서 심폐소생술과 같은 것을 통해서 숨이 돌아오게 될 때 그것이 곧 소생(蘇生)입니다. 영어로는 리바이블revival입니다. 이것을 공동체적으로 적용해 보면 영적으로 다시 살아나고 생기가 넘치게 되는 부흥의 역사를 말합니다. 이처럼 '소생케 한다'는 표현은 개인이든 교회든 어떤 공동체이든 영적으로 다시 살아난다는 의미입니다.

우리가 시편 23편을 제대로 읽으면 이 시편이 절대로 목가적인 시편, 어린아이가 낭만적으로 부를 수 있는 시편이 아니라는 것을 알 수가 있습니다. 특히 3절과 4절을 읽어보면 다윗은 산전수전을 다 겪고 파란만장한 인생, 구절 양장 같은 인생을 겪은 자로서 고백하고 있음을 알 수가 있습니다. 우리가 시편 150개를 읽어보면 그중에 75개 이상이 다윗의 이름으로 되어져 있는데, 거기에 보면 물론 아름다운 고백과 신나는 이야기들이 많이 있습니다. 그러나 거기에는 고통하고 있는 죄인의 모습, 배신당하고 괴로워하는 사람의 고백, 하소연하는 모습, 어두움 가운데서 죽겠다고 고백하는 모습들, 그리고 영적으로 어두움 속에 있는 모습들이 많이 나옵니다. 그래서 오늘 본문의 다윗은 하나님께서 그런 자기의 영혼의 상태에서 살려주시고, 또한 살려주시는 것뿐만 아니라 자신을 의의 길로 인도하신다는 것입니다.

뒤집힌 양

우리가 3절 말씀을 잘 이해하기 위해서는 배경 설명이 필요합니다. 양들을 치는 목자들 사이에 사용되는 용어 중에 "뒤집힌 양" 혹은 "나둥그러진 양"이라는 표현이 있습니다.[11] 이는 양의 등이 땅에 닿고, 사지가 허공으로 들려서 바동거리는 모습을 가리킬 때 쓰는 표현입니다. 상상을 해 봅시다. 양이 그런 상태에 처하게 되면 어떻게 될까요? 그 상태에서는 스스로가 자기 몸을 뒤집으려고 애써도 소용이 없습니다. 그래서 두려움과 불안에 사로잡히게 되고, 소리를 지르지만 스스로는 도저히 일어날 수가 없는 것입니다. 그럴 때에 목자가

빨리 발견을 해서 도와주지 않으면, 양의 혹위에 가스가 차고 혈액순환이 제대로 되지 않아서 그 양은 죽을 수밖에 없게 됩니다. 더욱이 등을 대고 뒤집힌 양은 야수들의 독수리 등의 먹이가 되기 십상입니다. 그래서 우리가 성경을 보면 눈에 뜨이지 않는 양을 찾아다니는 목자의 모습이 여러 번 나오는데, 혹시 양이 길을 잃고 헤매지는 않을까, 위험한데 떨어진 것은 아닐까 하는 염려도 하지만, 혹시라도 뒤집힌 양은 없을까 하고 찾아다니는 것입니다. 그리고 목자는 그런 양을 발견하게 되면 마비된 양의 사지를 마사지해 주고, 겁을 먹고 있는 양을 부드러운 말로 잘 위로를 해 주어야 합니다. 그렇게 해서 혈액순환이 원활하게 되고 양이 자기 발로 다시 서서 걸을 수 있게 될 때에 양은 다시금 살아나게 된 것입니다. 3절의 용어로 '내 영혼, 내 목숨이 소생하게 되었다'라고 고백할 수 있게 되는 것입니다. 다윗은 그와 같은 경험들을 해 보았기에 오늘 자신의 영혼에 대해서 적용을 하는 것입니다. "하나님께서 뒤집힌 양과 같은 내 영혼을 다시금 살려주셨다, 소생하게 하셨다"라고 고백하는 것입니다. 다윗이 사용한 히브리어로 하면 *나페쉬 예쇼베브*이고, ESV의 번역으로 하면 He restores my soul입니다.

나둥그러지는 이유들

그러면 왜 양이 그와 같이 뒤집어지거나 나둥그러지는 것일까요? 수백 마리의 양들을 직접 목양해 본 경험을 가진 필립 켈러라는 사람의 글을 읽어보면 평소에는 힘이 세고 강건하고 활동적인 양이라도 그렇게 몸이 뒤집어져 꼼짝없이 죽음만을 기다려야 하는 위급 상태에 빠져들게 되는 이유들을 알려줍니다.[12] 첫 번째 이유는 편한 것을 추구하는 사람들처럼, 양도 우묵한 곳을 만나면 몸을 기대고 쉬고 싶어 하기 때문에, 몸이 완전히 뒤집어지는 상황이 발생하는 것입니다. 두 번째 경우는 양털에 많은 불순물들이 묻어 있으면 뒤집어지는 것입니다. 그리고 또 한 가지 경우는 양이 살이 쪄서 비대해지면 그렇게 뒤집어지기 쉽다는 것입니다. 사람도 상반신에 무게가 많이 나가면, 다리에 있는 관절들이 그것들을 지탱하지 못해서 무릎에 병이 생깁니다. 무게의 균형이 깨어지면 그렇게 되는 것입니다.

이것을 영적으로 우리의 신앙생활에 적용을 해보면 적지 않은 교훈이 됩니다. 왜 우리가 영적으로 침체되고 나자빠지게 되는 것일까요, 그래서 스스로는 일어설 수 없는 뒤집힌 양과 같은 상태에 빠지게 되는 것일까요? 우리는 잘못되어질 때에 처음에는 '내가 잘못 가고 있구나'하는 인식을 가집니다. 그러나 나중에 되면 무감각해지는 것입니다. 빛인지 어두움인지 헷갈릴 정도로 자신이 영적으로 어느 상태인지 모른다는 것입니다. 그러다가 나중에는 자신이 영적으로 나둥그러져 버리는 것입니다. 그때는 목자가 찾아오듯이 하나님께서 직접적으로 간섭을 하지 않으면 소생할 수가 없게 되는 것입니다. 그래서 대단히 잘난 줄 아는 사람들조차도 그런 과정을 거치면서 하나님의 소생케 하심을 경험하게 되면 "아! 내가 아무것도 아니구나. 하나님께서 나를 살려주셔야 사는 것이구나"하고 고백할 수밖에 없게 되는 것입니다. 우리 그리스도인들이 살아가다 보면 한두 번씩은 이런 경험을 하게 되는 것 같습니다. 어떤 계기에 나둥그러져서 수년 동안 그런 상황 속에 있을 수 있습니다. 그리고 어떤 사람은 10년, 20년 이런 긴 시간이 걸리는 경우도 있습니다.

이제 앞서 말씀드린 내용을 영적으로 적용을 해보면 신자들이 왜 나둥그러지느냐? 첫 번째는 고생하지 않고 인내하지 않고, 자기 수련을 하지 않고 훈련이 필요 없는, 제자도가 필요 없는 편안한 곳, 안락한 곳만을 자꾸 찾다보면 나둥그러지기가 쉽다는 것입니다. 자꾸 편한데 기대고 싶어지고, 훈련받고 고민하는 것은 싫고, 주일날 아침에도 억지로 교회에 와서 숨어서 예배드리다가 돌아가서 한 주간 동안 자기 마음대로 살아갑니다. 이런 경우 틀림없이 영적으로 약하게 되고, 침체되고 나둥그러질 가능성이 있습니다.

두 번째는 양털이 무거워지면 나둥그러진다고 했는데, 성경에서 양털은 잘려져 나가야 할 우리의 옛 삶의 방식을 상징적으로 가리킵니다. 양털이 무거울수록 뒤집어지기 십상이듯이 성도들도 하나님은 말씀 그대로 거룩한 백성이 되어야 하는데, 그렇지 않고 영적인 불순물들로 더럽혀질 수가 있습니다. 오늘날 적지 않은 분들이 신사도 운동에 전염이 되어 있습니다. 우리가 거룩과 생명과 하나님의 사랑이라는 관점에서 하나님의 은혜와 성령을 사모해야 하는데, 은사, 짜릿한 체험, 예언과 환상 등을 추구하는 사람들이 있습니다. 그러나 그것은 중요한 것이 아닙니다. 꿈을 꾸었다 하더라도 성경적으로 옳고 그르냐를 생각해야 하는데, 환상 음성을 들으면 그것이 전부라고 생각하는 것은 위험합니다. 그런데 자꾸 은사와 신비한 체험을 앞에 두면 문제는 본질을 잊어버리려고 한다는 것입니다. 성도가 무엇입니까? "성도는 거룩할 때 진짜 행복합니다." 이것을 마음에 잘 새기시기 바랍니다. 우리가 이 고백을 진정으로 할 수 있다면 우리의 신앙이 나둥그러질 이유가 없습니다. 이렇게 인생이 고달프고, 내 마음대로 되지 않는다. 그러면 왜 안 될까요? 우리가 죄의 삶을 고집하고 변화되지 않으려 하고 거룩을 사모하지 않으면 행복은 오지 않습니다. 혹자는 속으로 그냥 행복하라고만 말해주지, 왜 거룩해야 행복해진다, 행복만 추구해서는 행복이 오지 않는다, 거룩을 우선적으로 추구해라 그런 말을 하느냐고 못마땅해할지 모르겠습니다. 그러나 그것이 성경적인 것입니다. 그래서 옛 삶의 방식, 우리 안에 남아있는 죄의 방식, 옛사람의 세력들이 있습니다. 물론 로마서에서 말하는 것처럼 은혜가 신자들 속에 지배하는 것이 맞습니다. 그러나 그 잔적들이 우리 안에 남아 있는 것입니다. 그래서 그것을 극복을 하면 할수록 우리는 살맛 나고 행복해질 수 있는 것입니다. 그러나 내버려두면 해결하지 않은 죄가 우리를 나자빠지게 만드는 것입니다.

세 번째는, 영적으로 살이 찌고 비대해서 감각이 없어지는 것입니다. 마치 라오디게아 성도들처럼 말입니다. 외적으로는 잘나가는데, 내적으로는 아니면서도 나는 스스로 부자라고 이렇게 자족할 때에 나둥그러질 수밖에 없다는 것입니다.

나둥그러진 양들의 예들

우리가 성경을 읽어 보면 침체와 낙심 가운데 빠졌다가 그 영혼이 소생케 함을 입은 성도들이 많이 소개되어 있습니다. 그중에 대표적인 세 사람을 기억했으면 좋겠습니다. 다윗, 엘리야 그리고 베드로입니다.

첫 번째는 다윗입니다

다윗의 인생 중에 가장 깊은 침체의 늪, 스스로 나올 수 없었던 가장 깊은 늪에 빠진 때가 언제였는지 기억하시지요? 사무엘하 11, 12장에 나오는 밧세바 사건, 우리아를 살해한 사건입니다. 그는 유혹에 빠졌고, 안일함과 자족감이 문제가 되었습니다. 사탄은 사자처럼 다가오기도 하지만 여우처럼 다가와서 유혹하기도 합니다. 사자처럼 용맹했던 장수도 여우처럼 꼬리를 흔들면서 유혹 작전을 쓸 때에 넘어가는 경우가 많은데, 다윗이 바로 그런 경우입니다. 그는 간음을 하고, 일급살인을 저지릅니다. 그리고 죄를 짓고 1년이 지나도록 자기 스스로 돌아오지를 못합니다.

그래서 나단이 찾아와서 그 유명한 이야기를 합니다. 한 마리 양을 가진 사람과 많은 양을 가진 부자 이야기 말입니다.

많은 양을 가진 사람이 가난한 이웃이 가진 한 마리 양을 빼앗았다고 했을 때에 다윗은 그렇게 나쁜 사람이 우리나라에 있느냐? 죽어야 하는 자라고 말했습니다. 바로 그때에 나단은 예리하게 정곡을 찔렀습니다. 그 나쁜 사람, 죽여야 한다고 하는 사람은 바로 당신이라고 말했습니다. 다윗은 그 말을 듣고 나서야 그의 둔감해져서 사망의 잠에 빠질 뻔했던 영과 혼이 깨어나게 된 것입니다. '아, 내가 죄의 깊은 수렁에 빠져 있구나' 그리고 일곱 편의 참회시를 씁니다. 6편, 32편, 51편 등의 참회시를 쓰면서 얼마나 하나님 앞에 회개를 하는가 하면, 자기의 침대를 눈물로 띄울 정도로 회개를 합니다. 보십시오. 다윗 같은 사람들도 안일함과 나태함 때문에 영적으로 나둥그러졌습니다. 뒤집어졌습니다. 마비가 되어서 영적인 코마 상태, 죄가 죄인 줄도 모르는 상태에 빠지게 된 것입니다. 하나님께서 나단 선지자를 보내시어 말씀으로 회복시켜 주시지 않았다면 스스로 소생케 될 가능성이 없을 정도였습니다. 다윗은 그 경험을 통하여 주의 많은 자비와 은총을 깨닫게 되었습니다.

둘째로는 엘리야의 경우입니다.

열왕기하 18장에서는 갈멜산 전투를 멋지게 치르고 나서,

19장에 가면 엘리야가 사역지를 이탈하여 도망을 가게 되고 유다 광야로 들어가서 로뎀 나무 아래 드러누워서 죽기를 자청하고 있는 기이한 모습을 보게 됩니다. 이는 그가 육체의 기력을 다 소진했기 때문이고, 마음의 병이 생겼기 때문입니다. 그는 갈멜산의 전투를 치르고 왕의 마차 앞에서 긴 거리를 달음질하고 나서 완전히 탈진했습니다. 그리고 기대했던 것과 달리 부흥은 일어나지 아니하고 이세벨의 위협하는 메시지 하나를 받게 되니까, 곧바로 나둥그러져서 도망을 친 것입니다. 우리는 주의해야 합니다. 영적으로 큰일을 하고 난 다음에 쓰러지기 쉽습니다. 큰 부흥회와 수련회를 하고 난 다음에 영적인 후유증들이 생기기 쉽습니다. 그리고 많은 경우에는 우리의 육신의 에너지를 너무 소진했을 경우에 그럴 때가 있습니다.

그러면 하나님께서는 그렇게 나둥그러진 양 엘리야를 어떻게 회복시켜 주셨을까요? 일단 하나님께서는 그로 하여금 로뎀 나무 그늘 아래 누워서 육신적으로 푹 쉬게 하셨습니다. 일단은 지친 사람은 푹 쉬는 것이 좋습니다. 피곤할 때 생각하고, 말하고, 무슨 일을 하면 거칠어지고 온통 뒤죽박죽이 되기 쉽습니다. 하지만 일단 푹 자고 나면 사태가 바로 보이고, 건전한 판단을 내리기 쉽습니다. 하나님은 지친 종을 푹 쉬게 하셨습니다. 그리고 하나님은 나단같이 예리한 선지자를 보내신 것이 아니라 천사를 보내주셨습니다. 저는 세상에서 귀한 대접들이 참 많이 있지만, 엘리야만큼 멋진 대접을 받은 경우도 드물지 않을까 생각합니다. 왜냐하면 천사가 사막에 있는 로뎀 나무를 직접 찾아왔습니다. 사도행전 12장에 보면 옥중에서 잠자고 있는 베드로를 깨울 때에 '옆구리를 쳐서'라고 기록되어 있는데, 엘리야의 경우는 옆구리를 친 것이 아니라 '만지며'라고 기록하고 있습니다. 부드럽게 터치한 것입니다. 그리고 숯불에 구운 신선한 떡과 생수병을 가지고 와서 두 번이나 먹이고 기운을 북돋우어 주었습니다. 천사가 직접 웨이터가 되어서 서빙을 해 준 것입니다. 그리고 호렙산으로 가게 해서 하나님의 말씀을 듣고 영적으로 회복이 되게 해주셨습니다. 그렇게 회복된 엘리야는 불같은 열정을 가지고 살다가, 죽을 때도 불말과 불수레를 타고 승천하는 영광을 누리게 되었습니다(왕하 2장).

우리가 마지막으로 살펴볼 예는 예수님의 수제자 베드로입니다.

"주님을 위하여 나는 죽겠습니다, 감옥에 가겠습니다, 다른 사람은 부인해도 나는 절대로 부인하지 않겠습니다"라고 호언장담했던 그는 몇 시간이 못 되어 세 번이나 부인하고, 맹세하고, 저주하기까지 했습니다. 물론 그는 연약했기 때문에 넘어진 것이지, 가룟 유다처럼 악해서 넘어진 것이 아닙니다. 그런데 그가 그렇게 나자빠지게 되었을 때에, 베드로는 깊은 수렁에 빠지게 되었습니다. 베드로는 주님 앞에 호언장담을 했는데, 여종의 말에 나둥그러져서 깊은 수렁에 빠진 것입니다.

하지만 이 베드로를 예수님께서 어떻게 회복시키셨습니까? 주님은 나둥그러짐에 대해 예고를 해주셨습니다. 그리고 주님은 세 번이나 자신을 부인한 베드로를 쳐다봐주셨습니다. 누가복음 22장 60-61절에 보면 베드로와 주님의 시선이 마주쳤습니다. 우리는 그 장면을 잘 상상해 보는 것이 좋습니다. 성경은 다양한 장르, 문학 형태들로 구성되어 있기 때문에 가급적이면 사복음서들의 배경 설명 등을 통하여 자꾸 상상을 해보시는 것이 좋습니다. 그런데 이렇게 쳐다보는 예수님의 눈이 어떠했을 것 같습니까? 저는 예수님의 시선이 "그러면 그렇지 몹쓸 인간" 이렇지는 않았을 거라고 봅니다. 예수님이 베드로를 쳐다보셨을 때 한이 없이 자애롭고 부드러운 눈이었을 것이라고 생각합니다. 왜냐하면 예수님은 베드로가 넘어질 것을 알고 계셨기 때문입니다. 그리고 주님은 제자가 나자빠져서 얼마나 깊은 수렁에 빠져서 큰 상처를 받게 될지도 아셨기 때문에 측은히 불쌍히 여기시며 쳐다보신 것입니다.

    그다음에는 어떻게 하셨습니까? 요한복음 21장에 보면 주님은 디베랴 바다라고도 불리우는 갈릴리 바닷가에 베드로를 찾아오셨습니다. 이른 아침에 바닷가를 찾아오신 주님은 밤새 고기 잡는다고 허탕을 친 제자들을 위해서 손수 떡을 굽고 생선을 구우셔서 제자들을 먹여 주셨습니다. 먼저 배고픈 육신의 필요를 채워주시고 나서, 베드로를 회복시키기 위한 중요한 질문을 하셨습니다. "시몬아 네가 나를 이 사람들보다 더 사랑하느냐?" 이 질문은 베드로의 입장에서는 어려운 질문이 아니었습니다. 왜냐하면 베드로가 예수님을 사랑한다는 것은 예전이나 그때나 똑같았기 때문입니다. 다만 그가 연약하여 넘어졌던 것이지 사랑하지 않아서 넘어진 것이 아니기 때문입니다. 그래서 주님은 베드로를 나둥그러진 상태에서 끄집어내시고 일으켜 주실 때에 그의 손을 잡고 "제자가 되어 그 모양이야" 그렇게 말씀하신 것이 아니라 "베드로야 네가 나를 사랑하지?" 그렇게 질문하신 것입니다. 그래서 베드로가 "주님 아시지 않습니까? 내가 당신을 사랑하는 줄 아시지 않습니까?"라고 답한 것입니다. 결국 주님은 그런 방식을 통해 나둥그러져서 스스로 일어날 수 없었던 베드로를 다시 소생하게 하여 주신 것입니다.

오늘 우리들도 신앙생활을 하다 보면 여러 가지 이유 때문에 나둥그러질 수 있습니다. 때로는 영적으로 기진맥진해질 때도 있습니다. 또 때로는 편안한데 안일한데, 나는 쉬고 싶다 하면서 편안한 곳에 등을 기대고 쉬려고 하다가 나자빠지는 그런 경우들도 있습니다. 혹은 자신의 연약함을 극복하지 못하고 넘어지기도 합니다. 혹은 자만 때문에 나자빠지기도 합니다. 그러나 우리 스스로는 일어날 수 없는 그런 상태에 떨어져서 고초를 겪고 있을 때에도 주님은 버리지 않으시고 주도적으로 찾아오셔서 회복시켜주시고, 그 마비된 양의 사지를 마사지하면서 부드럽게 격려하고 살려주는 목자의 모습과 같이 우리의 영혼을 새롭게 하시고, 새로운 은혜를 주시는 그런 은혜가 오늘 3절 상반절에서 다윗이 고백하는 은혜입니다.

주의 이름을 위하여 의의 길로 인도하심

그리고 3절 하반절에 보면, 그렇게 살려주신 다음에 네 마음대로 가고 너를 누가 간섭하느냐라고 말하는 것이 아니라 주의 이름을 위하여 의의 길로 인도하신다고 다윗은 고백했습니다. 우리를 소생케 하심은 의의 길로 인도하시기 위해서라는 사실을 꼭 기억하십시다. 팔레스타인에는 수천 갈래 길로 복잡하게 얽혀 있는 그런 길들이 존재합니다. 목자들은 양 떼를 이끌고 가야 하는 바른길, 정로를 잘 파악하고 있어야 했습니다. 우리를 소생케 하시는 하나님의 목적도 의의 길로, 바른길로 우리를 인도하시는 데 있습니다. 그래서 영적으로 나둥그러졌다가, 영적으로 소생케 하는 은혜를 체험하게 되면 "정신 차리고 열심히 신앙생활을 해야겠구나, 내 약점이 이런 것이구나"라고 이렇게 깨닫고 가는 것이 정상적인 것입니다. 그러나 살려주었는데, 또 엉뚱한 곳에 가고 제 마음대로 살고, 내 방식대로 사는 것 하나님이 그것을 원하지 않습니다.

그리고 다시 3절 하반절을 주목해 보시면 우리를 다시 살려주시고 의의 길로 인도하실 때에 가장 중요한 동기가 무엇이라고 말씀하는지를 보시기를 바랍니다. 예, 자기 이름을 위하여 for his name's sake라고 말합니다. 자기 이름이란 하나님의 이름을 말합니다. 그리고 하나님의 이름은 하나님 자신이고 하나님의 명예와 영광을 말하는 것입니다. 그래서 온 천지 만물을 창조하실 때에는 하나님의 영광을 드러내시기 위함이시고, 우리를 구원하시는 것도 하나님의 영광을 위해서 우리를 구원하신 것입니다. 그리고 그다음에 또 이 은혜 가운데 살면서, 말씀으로 우리를 인도하시는 것입니다. 그래서 말씀으로 하실 때에 순종하고 가는 것이 가장 잘하는 것입니다. 왜냐하면 이렇게 나자빠져서 자기 스스로 자기를 책임질 수 없는 상황까지 갔다가 다시 일어나게 되는 그것도 나름의 은혜의 체험이기도 하지만 그런 체험은 자주 반복하지 않는 것이 좋기 때문입니다. 그리고 그런 소생케 하는 은혜를 체험하고 난 다음에 우리는 어떻게 고백해야 하는 것일까요? "거봐 하나님이 나를 사랑하신다니깐." 그런데 그것이 이상하게 작용해서는 안 됩니다. "봐! 하나님은 나를 사랑하시기 때문에 내가 어떻게 살든지 상관하지 않아. 날 버리지 않아"라고 이해하시면 말은 맞지만 그 정서는 100퍼센트 틀린 것입니다.

그러면 왜 나둥그러진 양과 같은 우리들을 다시금 살려주시는 것일까요? 왜 침체의 늪에 빠져있던 우리 영혼을 회복시켜 주시는 것일까요? 경우에 따라서는 다윗과 비슷한 죄를 짓고 나둥그러지는 대한민국의 많은 지도자들이 있습니다. 엘리야처럼 나자빠지면 뭔가 멋이라도 있지만, 다윗과 같이 나자빠지는 사람들도 적지 않습니다. 그리고 라오디게아 성도들처럼 나태하고 안일해서 넘어지는 경우도 있습니다. 그리고 베드로처럼 그렇게 나둥그러지는 경우도 많습니다. 그러면 하나님이 불쌍히 여겨서 다시 회복시켜주시면, 다시 기회를 주시면 "하나님의 전적인 은혜이다. 왜 이렇게 하셨을까? 나는 자격이 없는데, 나는 이러다가 죽어야 하는데 100번 지옥가도 마땅한데, 하나님이 자기 이름을 위하여 그렇게 하셨다"라고 하는 이 고백이 나와야 하는 것입니다. 자기 이름, 하나님의 명예, 하나님의 명예는 자기 이름을 위해 하시는 것이 아닙니까? 하나님은 말씀하신 대로 하시는 분이 아니십니까? 내가 너를 선택했으니 너를 버리지 아니하고 너를 영원히 책임지겠다라고 말씀하셨으니 우리를 살려주신 것이지 우리가 무언가 가치가 있어서 살려놓으신 것이 아닙니다. 그래서 우리가 힘들고 어렵고 염치가 없어서 기도하지 못하는 그런 경우가 있는데, 그럴 때에도 우리가 의지할 수 있는 것은 "저는 주님의 이름으로 이름한 성도요, 그리스도인입니다. 주님의 이름을 위하여 나를 불쌍히 여겨 주십시오"라고 기도할 수 있다는 것을 잊지를 마십시다. 당신의 이름과 영광을 위하여 나를 다시 한번 살려주시고 은혜를 베풀어주십시오. 그것이 우리가 극단적인 경우에도 의지할 수 있는 근거일 것입니다.

사랑하는 성도 여러분! 오늘 나눈 말씀을 정리하겠습니다. 오늘 말씀을 보시면 간단한 것 같지만 여기에도 엄청난 체험이 농축되어 있다는 것을 알 수가 있습니다. 우리가 이 세상을 살아가면서 늘 보랏빛으로 채색된 아름다운 인생을 사는 것이 아니라는 것을 몸소 잘 알고 있습니다. 때로는 우리가 깊은 영적인 침체와 낙망의 상황들을 겪기도 합니다. 겪어보신 분들은 아시겠지만 정말 몸서리쳐질 만큼 힘들고 어렵고, 지나고 보면 그만큼 내가 어리석은 죄인이었는가를 참 후회가 될 만큼의 경험을 할 때가 있습니다. 그러나 그럴 때에도 하나님이 하나님의 명예를 걸고 우리를 찾아오셔서 회복시켜주시고 제2의 기회를 주시는 하나님의 소생케 하시는 은혜를 경험하게 됩니다. 그리고 그렇게 건져주시고 나서는 이제는 네 마음대로 자행자지하지 말고, 매스 미디어를 통해 유포되고 있는 이 시대의 가치관인 "네 마음대로 살아라" 하는 가치관을 따라가지 말고 의의 말씀, 의의 길, 하나님의 뜻, 하나님이 정하신 목적이 무엇인지에 대해서 관심을 가지고 살아달라고 말씀하시는 하나님을 우리가 체험하게 됩니다.

우리는 어렵고 힘든 상황 속에 있든지 아니면 주변에 완전히 나둥그러져 있는 사람을 보든지 간에 3절의 말씀을 생각하시고 하나님의 이름을 위하여 우리를 좀 건져주십시요, 우리를 회복시켜주십시오, 우리를 좀 살려주십시요라고 기도해야 합니다. 공동체도 그렇습니다. 전체적으로 힘이 없고 연약한 이 지역 교회들을 위해서 기도 많이 하시는데, 너무나 귀한 일입니다. 주여 이 지역을 영적으로 살려주십시오. 우리가 잘 쓰는 표현으로 하자면, 부흥을 주시옵소서라고 기도해야 합니다.

그리고 우리는 하나님께서 소생하게 하시고 부흥을 주시는 목적을 잊어버리시면 안 됩니다. 이제는 의의 길로 가고, 하나님의 영광을 드러낼 수 있는 그런 교회나 개개인의 삶이 될 수 있도록 하나님께서 소생의 은혜를 주신다는 것을 잊지 말아야 합니다. 영적으로 힘들고 어려운 처지에서 우리를 한 번 불쌍히 여기셔서 살려주시고 건져내어 주시면 주님의 뜻대로 살겠습니다라고 결단하면서 기도하는 여러분들이 되시기를 바랍니다.

4. 사망의 음침한 골짜기

내가 사망의 음침한 골짜기로 다닐지라도 해를 두려워하지 않을 것은 주께서 나와 함께 하심이라 주의 지팡이와 막대기가 나를 안위하시나이다 (시 23:4).

우리는 시편 23편을 연속해서 자세히 살펴보고 있습니다. 시편 23편은 다윗의 영감어린 글에서 나온 가장 사랑받는 노래라는데 이의가 없습니다. 구약을 통틀어 가장 유명하고 아름다운 이 걸작은 수 많은 가슴들을 격려하고 위로해 왔습니다. 찰스 스펄전은 "시편의 진주"라고 칭하였습니다. 그리고 어떤 역사가는 이 시편에 대해서 아주 멋진 평가의 글을 썼습니다.

그것은 낙담한 자들의 군대에 용기라는 노래를 불러 주었고 아픈 이들과 토굴 감옥에 갇힌 포로들과 쓰라린 슬픔에 빠진 과부들과 외로운 고아들의 마음에 향유와 위로를 부어주었다. 죽어가는 군인들은 이 시편을 들으면서 보다 편안한 죽음을 맞이했고 송장처럼 창백한 병원의 환자들은 밝은 빛으로 빛났다. 이 시편은 죄수를 찾아가 묶인 사슬을 깨뜨려주었고 베드로의 천사처럼 상상 속에서 그를 인도해 집으로 돌아가도록 노래를 불러주었다. 그것을 통하여 죽어가는 그리스도인 노예는 그의 주인보다 더 자유로울 수 있었다.[13]

이제 우리가 살펴 볼 말씀은 4절 말씀입니다. 우리 다시 한 번 읽어보겠습니다. "내가 사망의 음침한 골짜기로 다닐지라도 해를 두려워하지 않을 것은 주께서 나와 함께 하심이라. 주의 지팡이와 막대기가 나를 안위하시나이다." 히브리어 원문 성경에서 직역을 해 보면 이 구절을 다음과 같이 읽을 수가 있습니다. "심지어 내가 깊은 어두움의 골짜기 속에서 걸어간다 할지라도 나는 재앙을 겁내지 아니할 것입니다. 왜냐하면 바로 당신이 나와 함께 하실 것이기 때문입니다. 당신의 한 막대기와 한 지팡이, 그것들이 나에게는 위로가 됩니다."[14]

다윗이 말하고 있는 사망의 음침한 골짜기, 혹은 사망의 그림자가 진 골짜기, 혹은 칠흑같이 어둡고 험악한 골짜기는 분명 우리 인생길에서 겪게 되는 역경과 고난의 시절을 말합니다. 우리는 시편 23편을 아름다운 동요로만 부를 수 없다는 것을 잘 알고 있습니다. 우리는 본 시편이 인생이 무엇인지 알지 못하고 모든 것이 아름답게만 보이는 어린아이의 입에서 나온 동요가 아니라는 것을 압니다. 어떤 분들은 본 시편을 다윗이 젊은 시절에 지었다고 하는데, 저는 개인적으로 그와 같은 입장을 받아들이지 않습니다. 단 여섯 절밖에 되지 않는 짧은 시편이지만 시편 23편은 파란만장한 인생, 구절양장(九折羊腸) 같은 인생을 살아본 자만이 알 수 있는 심오한 진리들을 담고 있습니다. 그래서 이 시편은 적어도 다윗의 중년기 이후 혹은 말기에 지었을 것이라는 학자들의 입장을 저는 따릅니다.

사망의 음침한 골짜기

우선 우리가 살펴보려고 하는 것은 사망의 음침한 골짜기라는 구절의 배경입니다. 래리 G. 헤어라고 하는 고고학자가 쓴 글에 보면 사망의 음침한 골짜기가 무엇을 가리키는지를 잘 설명해 주고 있습니다.

> 고대의 유다와 사마리아, 요단강의 동쪽 언덕은 물이 닿으면 녹
> 는 석회암으로 이루어져 있다. 오랜 세월 동안 억수 같은 비가
> 석회암 지반이 드러나기까지 깊고 어둠침침한 골짜기를 깎아
> 들어가, 골짜기를 둘러 싼 높은 절벽 곳곳에 수천 개나 되는 좁
> 게 갈라진 틈과 작은 동굴이 생기게 되었다. 이런 틈과 동굴은
> 가축떼를 잡아먹고 사는 맹수나 예수님의 선한 사마리아인의
> 비유(눅 10:29-37)에서 보듯 여행자를 습격한 강도가 몸을 숨길
> 수 있는 이상적인 장소가 되었다.[15]

이처럼 사망의 음침한 골짜기라고 하는 것은 다윗이 목자로서 양을 치던 시절이나 도망자 시절에 지나가곤 했던 가파르고 위험한 협곡 지역을 문자적으로 가리킵니다. 양떼들은 늑대나 들짐승들의 소리가 들리고, 짙은 그림자가 덮여있는 협곡을 지나가는 것을 결코 좋아하지 않습니다. 하지만 그러한 협곡을 지나가야만 그들을 위해서 준비되어 있는 더나은 초장으로 올라갈 수가 있기에 꼭 지나가야 하는 경우들이 있습니다.

그와 같이 위험한 협곡을 지나갈 때만큼 양떼들에게 목자가 절실하게 필요하고 선한 목자의 신실한 목양 사역이 필요한 때도 없습니다. 양떼들의 입장에서는 선한 목자의 인도에

충실하게 따라야 할 때도 없습니다. 다윗이 고백하는 것처럼 "내가 사망의 음침한 골짜기로 다닐지라도 해를 두려워하지 않을 것은 주께서 나와 함께 하심이라. 주의 지팡이와 막대기가 나를 안위하시나이다"입니다. 선한 목자가 함께 하시기에 그 사망의 음침한 골짜기를 지나갈 수가 있습니다. 목자는 안전한 길로 인도해줄 뿐 아니라 들짐승들의 공격에서도 양떼를 능히 보호해 줄 것이기 때문입니다. 사무엘하 17장 34, 35절에 보면 목동 다윗은 사울 왕 앞에서 자신이 어떻게 양떼를 위험에서 구출해 내곤 했는지를 고백한 바가 있습니다.

> 다윗이 사울에게 말하되 주의 종이 아버지의 양을 지킬 때에 사자나 곰이 와서 양 떼에서 새끼를 물어가면 내가 따라가서 그것을 치고 그 입에서 새끼를 건져내었고 그것이 일어나 나를 해하고자 하면 내가 그 수염을 잡고 그것을 쳐죽였나이다.

바로 그와 같은 선한 목자가 함께 하기에 사망의 음침한 깊은 협곡을 안심하고 지나갈 수 있다는 것입니다. 양은 해나 재앙을 두려워하지 않을 수가 있습니다.

그리고 선한 목자는 평소에 지팡이와 막대기를 소지하고 다니면서 양떼를 인도하고 보호하는 일을 했습니다. 4절 끝에 보면 "주의 지팡이와 막대기가 나를 안위하시나이다."라고 고백하지요. 지팡이와 막대기는 목자뿐 아니라 고대인들이 여행하는데 필수적인 물품에 속했습니다. 기대고 의지할 수 있는 용도가 있고 맹수 같은 짐승들을 쫓아내거나 죽이는데 사용되어졌습니다. 지팡이(미쉬에넷)라는 것은 길이가 1.8미터 되는 곧은 막대기로 산을 오르거나, 곁길로 가는 염소나 양떼를 치고, 양떼가 닿을 수 없는 곳에 있는 나뭇가지들에서 잎을 후려쳐서 따는 용도로 사용되었으며, 막대기(쉐베트)는 0.8미터 길의 떡갈나무 막대기로 한쪽 끝이 약간 둥글게 부풀어 오른 모양으로 되어 있어서 허리끈에 차거나 겉옷 주머니에 넣고 다녔습니다. 이 막대기는 양떼를 노략질하려고 다가오는 짐승들을 내쫓아주는 무기로 사용되었습니다. 이처럼 목자가 가진 지팡이와 막대기는 엇길로 나가는 양을 끄집어 바른길에 돌아오게 만들거나 양을 해코지하려고 하는 짐승들에게서 보호해주는 기능을 했기 때문에, 다윗은 "주의 지팡이와 막대기가 나를 안위하시나이다"라고 고백하는 것입니다.

사망의 음침한 골짜기로 다닐지라도

이제 우리는 이 4절의 말씀이 우리 성도들에게 무엇을 의미하는지를 살펴보도록 하십시다. 사람들은 누구나 즐겁고 형통한 인생길을 원합니다. 대부분의 신자들이 교회를 다니는 이유가 무엇입니까? 하나님의 도우심으로 행복하게 살고, 가정이 화평하고, 마음이 평화스럽고, 내 힘으로 안 되는 일들을 기도해서 해결하기를 원하지요. 한 마디로 만사형통한 삶을 살고 싶어서 교회를 다니는 분들이 많지 않습니까? 이 것은 인간의 근본적인 욕구라고 할 것입니다. 그러나 우리가 성경을 주의해서 읽어보면 하나님께서는 신자들에게 교회 다니기만 하면 이 세상에서 만사형통한 삶, 출세하는 삶을 무조건 약속하시는 것이 아니라는 것을 알 수 있습니다. 한번 생각해 보십시오. 교회 다니면 무조건 물질적으로 복 받고, 자녀들은 공부도 잘하고, 하는 사업은 잘되고, 아프지도 않고, 불치의 병도 기도만 하면 척척 낫게 된다고 한다면, 오늘 우리들의 삶의 형편은 과연 그러하냐는 것입니다. 우리가 신앙이 좋은 자는 무조건 이 땅 위에서도 행복하고 형통하게 산다고 말해버리게 되면 수많은 믿음의 사람들은 믿음이 모자라고 심지어는 믿음이 없는 자로 잘못 평가되고 말 것입니다.

주님은 우리에게 만사형통을 이 땅 위에서 약속하지 않으셨습니다. 주님을 따라가는 길은 오히려 십자가의 길이라고 가르쳐 주셨습니다. 자기를 부인하고 자기 십자가를 지고 주님을 따르지 않으면 따라갈 수 없는 길이라고 강조하셨습니다.

시편 23편 4절 말씀을 한번 음미해 보십시오. 다윗은 자신의 인생길이 푸른 초장과 잔잔한 시냇가에 누워있는 평화스럽고 안정된 삶으로 일관하였다고 말하지 않습니다. 그는 뒤집힌 양처럼 죽을 고비를 넘기기도 했으며, 오늘 말씀과 같이 사망의 음침한 골짜기, 짙은 어두움이 깃든 생의 힘든 골짜기를 통과했다고 고백하고 있습니다. 하지만 다윗은 그와 같은 인생의 역경과 고난의 시절에도 주님이 자신의 목자가 되어주셨다고 고백하고 있습니다. 주의 지팡이와 막대기가 안위하시기 때문에 해 받을 것도 두려워하지 않는다는 고백을 하고 있습니다.

다윗의 인생을 한번 생각해 봅니다. 그는 어린 10대의 소년 시절에 하나님의 선택하심을 입어서 이스라엘의 차기 왕으로 기름 부음을 받았습니다. 사무엘이 기름을 부을 때에 다윗에게 성령이 충만히 임하였습니다. 참으로 그 얼마나 신나는 일입니까? 소년 다윗은 감격과 희열이 넘쳤을 것입니다. 하지만 기름 부음을 받았다고 해서 그의 인생이 순조롭게 순탄하게 잘 흘러갔습니까? 우리가 잘 아시는 대로 다윗은 기름 부음을 받고 실제로 왕이 되는 30세까지 십수 년간을 도망자 신세로 전락한 것을 잘 기억하실 것입니다. 사울 왕은 장인이면서도 다윗을 시기 질투하여서 정사(政事)를 제쳐두고 수천의 군사를 거느리고 다윗을 잡으려고 쫓아다니지 않았습니까? 다윗은 사회의 부적응자들과 더불어서 광야와 험한 산골짜기들을 이곳 저곳 헤매고 다녀야만 했습니다. 또한 숨을 곳이 없어서 자신이 이전에 죽였던 골리앗의 고향인 블레셋의 가드에 가서 은신처를 구하기도 하였습니다. 블레셋 사람들이 그를 믿어 주지 않아서 일부러 미친체 하기 위해 침을 흘리고 벽에 낙서를 하기도 했습니다. 이와 같은 천신만고 끝에 다윗은 왕으로 등극을 하게 됩니다. 자신을 괴롭히던 모든 원수들이 죽거나 굴복하게 되었을 때에 다윗 왕은 "나의 힘이신 여호와여 내가 주를 사랑하나이다"(시 18:1)라고 고백하게 됩니다.

4절을 다시 주목해 보신다면 다윗은 "내가 사망의 음침한 골짜기로 다닐지라도"even though I walk through the valley of the shadow of death라고 고백하는 것을 볼 수가 있습니다. '사망의 음침한 골짜기로 다닐지라도'라는 말은 '통과해 지나가더라도'라는 의미입니다. 사망의 음침한 골짜기는 우리가 영구히

거주하는 거주지가 아닙니다. 지난다는 것이 무엇입니까? 그 골짜기에 영구적으로 사는 것이 아니고, 통과해서 지나가야 할 곳이라는 것입니다. 제 아무리 어렵고 힘든 시절도 한때인 것입니다. 그와 같은 곳에 있을 때에는, 고난과 역경에 처해 있을 때에는 영원히 빠져나오지 못할 것 같이 느껴지지만 결국 지나가고 보면 한때인 것입니다. 남자들은 군에 가게 되면 훈련소를 먼저 가서 고생을 하게 되고, 그 후에 자대에 배치를 받아서 복무를 해야 합니다. 제대 날짜를 하루하루 손꼽아 기다립니다. 그러나 영원히 그곳에 갇혀서 지낼 것 같이 답답하던 그 시절도 이제는 돌이켜 보니 한 뼘도 되지 않는 세월입니다. 그렇습니다. 우리가 당하는 여러 가지 생의 고난들과 역경의 시기도 영원히 지속되고 끝이 없을 것처럼 보인다고 하더라도 결국은 지나가고 말 것입니다. 일정한 때와 시기가 있는 법입니다.

우리가 걸어가는 인생길에는 사실 그보다도 더 어렵고 힘든 일들이 많이 있습니다. 멀쩡하게 잘 살고 있던 가족들이 우리 곁을 떠나가는 사별의 고통, 잘 다니던 직장에서 해고당하여 하루 아침에 실직자가 되는 일, 믿고 의지했던 사람에게 배신을 당하는 일, 학생들 같으면 시험에 실패하는 일, 젊은이들 같으면 사랑에 실패하는 일 등을 우리는 다 겪으면서 살아갑니다. 사실 우리가 걸어가는 인생길은 밝고 화창한 날 보다는 어둡고 썰렁할 때가 더 많은 것 같습니다. 너무 너무 좋아서 웃을 때보다는 우울하게 지내고 인상을 일그러뜨려질 때가 더 많은 것 같습니다.

하지만 오늘 다윗은 무엇이라고 고백하고 있습니까? 인생의 여러 가지 고통과 간고의 쓴 잔을 누구보다도 많이 마셨던 다윗이 고백하기를 사망의 음침한 골짜기를 지난다고 해도 자신은 해 혹은 악을 두려워 하지 않을 것이다 I will fear no evil 고 고백하고 있습니다. 우리가 골짜기를 지나가면서 만나고 겪게 되는 모든 것들이 우리를 넘어지게 하고 시험에 들게 만드는 것이 사실 아닙니까? 하지만 기억해야 하는 것은 그와 같은 역경과 환난 그 자체가 우리를 망하게 하는 것은 아니라는 것입니다. 우리가 어떻게 넘기느냐에 따라서 역경과 위기는 분명히 은혜와 축복의 전단계가 될 수도 있습니다. 문제는 우리가 당하는 일들에 대해서 어떻게 반응하느냐에 달려있는 것입니다.

70여 년 전 독일의 아돌프 히틀러와 그를 따르는 독일 국민들은 600만 명의 유대인들을 가스실에 가두어서 죽이는 만행을 저질렀습니다. 그런데 이와 같은 인종 청소를 위한 수용소에서 학살당하지 않고 간신히 목숨을 건진 이들이 더러 있었습니다. 오스트리아 비인 출신의 정신과 의사인 빅터 프랭클이라고 하는 사람도 그런 사람들 중의 한 사람입니다. 그는 3년 간의 수용소 생활을 마치고 나서 『죽음의 수용소에서』라고 하는 책을 써서 독일인들의 만행을 세계에 알렸고, 또한 자신이 어떻게 그와 같이 생지옥 같은 수용소에서 버티고 살아남을 수 있었는지에 대해서 기록하였습니다.[16] 프랭클 박사는 다음과 같은 고백을 했습니다.

> 한 인간에게서 모든 것을 빼앗을 수는 있으나 단 한 가지 빼앗을 수 없는 것이 있으니 그것은 인간의 마지막 자유, 즉 어떠한 환경에 놓이더라도 자신의 태도를 선택하고 자기 가신만의 방식을 선택할 수 있는 자유이다 … 강제 수용소에 있더라도 자신의 인간다운 품위를 계속 간직할 수 있다는 말이다 … 삶을 의미있고 목적이 있는 것으로 만드는 것은 바로 아무에게도 빼앗길 수 없는 이 정신적 자유이다.[17]

빅터 프랭클 박사는 나치 수용소에서 수많은 유대인들 가운데 당면한 현실을 바꿀 수 없다고 생각하고 생을 스스로 포기한 사람들, 자포자기하는 마음을 가진 사람들은 생존하는 데 실패했지만, 당한 역경 중에서도 소망을 잃지 않은 사람들은 마침내 구사일생으로 살아남았다고 증거하고 있습니다. 그 유력한 증거가 바로 프랭클 박사 자신인 것입니다. 그는 생지옥의 현실을 경험하고 나서 고백합니다. "집에 돌아온 사람에게 있어서 모든 경험 중 최고의 경험은 모든 고통을 겪은 후에 이제는 하나님 이외에는 더 이상 아무 것도 두려워할 필요가 없다는 경이로운 느낌이다."[18] 그는 사망의 음침한 골짜기를 지나갔지만, 사망의 위협에 삶의 의욕이 꺾이지 아니하였습니다. 소망 중에 버텼으며, 마침내는 하나님 이외에는 이 세상에 그 무엇도 두려워할 것이 없다는 것을 뼈저리게 경험하게 되었습니다. 2차 대전 이후에 프랭클 박사는 로고테라피logotheraphy라고 하는 치료법을 개발하여 주창자가 되었고 전 세계의 수많은 사람들을 도와주는 정신적 치유자가 되었습니다.

주께서 나와 함께 하심이라

그리고 다윗은 사망의 음침한 골짜기를 지나갈지라도 해를 두려워하지 않을 것은 주께서 나와 함께 하심이라for you are with me라고 고백합니다. 주님께서 사망의 음침한 골짜기,

인생의 험악한 시절, 역경과 고난 가운데서도 함께 하신다고 고백하는 것입니다. 한때 많이들 읽고 널리 회자되던 "모래 위의 발자욱"이라는 신앙시가 있습니다.

> 어느날 밤 나는 꿈을 꾸었네
> 주님과 함께 바닷가를 거니는 꿈을
> 하늘을 가로질러 빛이 임한 그 바닷가
> 난 모래 위에 두 짝의 발자욱을 보았네
> 한 짝은 내 것, 또 한 짝은 주님의 것
> 거기서 내 인생의 장면을 보았네
> 마지막 내 발자욱이 멈춘 곳에서
> 내 삶의 길을 돌이켜 보았네
> 내 삶의 길 그곳엔 오직 한짝의 발자욱만 있었네
> 그때는 내 인생에 가장 비참하고 슬픈 계절이었네
> 나는 의아해서 주님께 물었네
> "제가 주님을 따르기로 했을 때
> 주님은 저와 함께 있겠다고 약속하셨지요?
> 그러나 보십시오.
> 제가 주님을 가장 필요로 했을 때
> 그때 거기에는 한 짝의 발자욱 밖에 없었습니다.

주님은 왜 저를 떠나셨는지요?"

주님께서 대답하시었네

"나의 귀하고 가장 소중한 이여

나는 너를 사랑했고, 너를 결코 떠나지 아니하였노라.

네 시험의 때, 고통의 때에도.

네가 본 오직 한짝의 발자욱은

그것은 네 것이 아니라

그때 내가 너를 등에 업고 걸어간 것이었노라."

우리의 선한 목자이신 하나님께서 모든 형편과 처지에서, 모든 어려운 시련에서, 모든 실의와 낙망스러운 일들 속에서, 모든 절망적인 궁지에서 그가 나와 함께 하시는 것입니다. 우리가 힘들고 어려운 역경이나 고난들을 통과할 때에 주님께서 우리와 함께 계신다는 사실, 나 혼자가 아니라는 사실, 주님도 그와 같은 골짜기를 통과하셨다는 사실을 아는 지식이 우리의 마음을 위로합니다. 주님이 우리와 함께 하신다는 것은 그가 능력이 있어서 우리를 도우신다는 의미가 있습니다. 또한 우리가 겪는 고난과 역경이 무엇인지 주님도 맛보아 아시기 때문에 도우실 수 있는 것입니다.

우리는 평안하고 형통할 때보다도 어렵고 힘든 일들을 겪을 때에 하나님의 임재를 더욱더 분명하게 느끼게 됩니다. 간절히 사모하게 됩니다. 울부짖을 때에 하나님의 위로가 더욱더 실감 나게 느껴집니다. 자주 부르곤 하는 복음송 중에 "나의 등 뒤에서 나를 도우시는 주. 평안히 길을 갈 때 보이지 않아도 지치고 곤하여 넘어질 때면 다가와 손 내미시네"라는 가사가 있습니다. 또한 다윗이 고백하는 대로 그러한 환난의 때, 곤경의 때에 하나님의 말씀이 지팡이와 막대기가 되어서 우리를 위로해 줍니다. 우리를 힘입게 합니다. 우리를 바로 잡아줍니다.

이제 이야기 하나를 들려 드리고 설교를 마무리하려고 합니다.[19] 독일에서 오랫동안 공부를 하여 신학박사 학위를 받고 귀국했으나 현재는 중국에 가서 나환자들을 대상으로 사역하고 있는 김요석 목사님이 들려주신 이야기입니다. 그 목사님이 독일에서 공부할 때 모두에게 존경받는 한 노 교수님이 계셨습니다. 인품도 좋으시고 학문적으로 대단한 성과를 거두신 분이었는데, 특별히 그 교수님은 외국어에 탁월한 능력을 보이셨다고 합니다. 한 10개 국어 정도를 하실 수 있는 분이었습니다. 특히 히브리어 원전으로 이 시편 23편을 눈을 감고 리듬에 맞추어 암송하는 것을 보면 너무나 듣기 좋았고 감동이 컸습니다. 그래서 하루는 학생이었던 이 김목사님이 그 교수님께 어떻게 그렇게 히브리어에 능통하게 되었느냐고 여쭤봤답니다. 그랬더니 그 교수님은 아주 자상하게 자신의 일생을 얘기해 주시더랍니다. 그분이 지금은 모교의 교수가 되었지만, 자신이 학생 시절에 기숙사에서 한 방을 쓰던 친구가 있었는데, 형제같이 아주 절친하게 지냈다고 합니다. 그런데 그 친구는 가끔 이상한 말로 중얼거리는 것이 있었는데, 나중에 알고 보니 그는 유대인 학생이었습니다. 그가 중얼거리던 것은 시편 23편을 암송하는 것이었습니다. 그 친구는 이것을 암송하노라면 모든 두려움에서 벗어난다고 하더랍니다. 그래서 그때부터 자기도 친구와 함께 이 시편 23편을 히브리어로 암송하기 시작했다고 합니다. 그런데 2차 대전이 터지고 나치의 비밀경찰들이 이 친구에게까지 손을 뻗치기 시작했습니다. 그는 얼마 동안 숨어서 지내다가 결국은 잡혀가게 됐습니다. 잡혀가는 날 교수님은 그 소식을 듣고 친구가 탄 트럭을 따라가면서 친구의 얼굴을 한 번이라도 더 보려고 자전거 페달을 온 힘을 다해 밟았습니다. 이 유대인 친구는 바로 그때 이 시편 23편을 암송하면서 아무런 두려움도 없이 손을 흔들며 작별 인사를 하더랍니다. 그때 교수는 그 친구와 함께 히브리어로 소리를 질렀답니다. "내가 사망의 음침한 골짜기로 다닐지라도 해를 두려워하지 않을 것은 주께서 나와 함께 하심이라. 주의 지팡이와 막대기가 나를 안위하시나이다"(감 키-엘렉 베게 찰마벳 로-이라 라 키 앗타 임마디 쉬브테가 우미쉬안테카 헴마 예나하무니).

그렇게 교수님은 울면서 친구를 떠나보냈습니다. 전쟁이 계속될수록 전세가 독일군에게 악화되자 이 교수님도 독일군으로 징집되어 전쟁터로 나갈 수밖에 없었습니다. 그러다가 한 전투에서 연합군에게 포로로 잡혀서 즉결 재판을 받았는데 총살형을 선고받게 되었습니다. 그리곤 곧바로 총살형이 집행되게 되었습니다. 이 교수는 죽음의 행렬에서도 의연하게 시편 23편을 암송하던 유대인 친구를 생각하게 되었습니다. 그래서 집행관에게 한순간의 여유를 달라고 했습니다. 그리고는 눈을 감고 대학 시절 그 유대인 친구와 외웠던 시편 23편을 히브리어로 암송하기 시작했습니다. 그는 자기를 겨눈 총구 앞에서도 자기도 모르게 감동을 받아서 큰 목소리로 "내 영혼을 소생시키시고 자기 이름을 위하여 의의 길로 인도하시는도다. 내가 사망의 음침한 골짜기로 다닐지라도 해를 두려워하지 않을 것은 주께서 나와 함께 하심이라 주의 지팡이와 막대기가 나를 안위하시나이다"고 암송을 했습니다.

그때에 놀라운 일이 벌어졌습니다. 연합군의 러시아 장교가 자리를 박차고 일어났습니다. 그리고는 목소리를 높여 함께 나머지 부분을 외치기 시작했습니다. 그것도 히브리어로 말이지요. 바로 이 연합군의 장교는 러시아에 살던 유대인이었습니다. 장교는 곧바로 교수님을 풀어 주라고 명령했고 사형 중지 서류에 사인을 했습니다. 놀라는 자기를 보면서 그 유대인 장교는 이렇게 말하더랍니다. "하나님의 백성은 그가 비록 악마의 제복을 입고 있다 해도 하나님의 백성입니다." 그 교수님은 이렇게 죽을뻔한 그 위험한 골짜기에서 건짐을 받고 제2의 인생을 얻게 된 것입니다.

사랑하는 성도 여러분! 저나 여러분들이나 신자라도 사망의 음침한 골짜기를 지나갈 때가 있음을 체험적으로 알고 있습니다. 그러나 중요한 것은 지나간다는 것입니다. 그리고 그러한 곳을 지나가야 높은 곳, 더 풍성한 축복의 자리로 나아갈 수가 있습니다. 또한 중요한 위로가 무엇인가 하면 그러한 깊은 골짜기를 지나갈 때에도 주님이 우리와 함께하시면서 위로하시고, 힘을 주시고, 붙들어 주신다는 것입니다. 주님의 말씀의 지팡이와 막대기가 우리를 위로해 줍니다. 엇길로 나가지 않도록 우리를 끌어당겨 주시고, 우리를 해하려는 원수의 마수에서 우리를 보호해 주시는 것입니다. 이러한 선하신 하나님이 계시기에 이 한해도 여기까지 살아온 줄 압니다. 그리고 남은 인생도 선한 목자 되신 주님을 믿고 의지하기에 당당하게 살아갈 수가 있는 것입니다. 더 높은 곳에서의 풍성한 삶을 기대하면서 말입니다.

5. 내 잔이 넘치나이다

주께서 내 원수의 목전에서 내게 상을 차려 주시고 기름을 내 머리에 부으셨으니 내 잔이 넘치나이다(시 23:5)

성지를 연구하는 한 고고학자가 한 번은 길에서 멀리 떠난 유적지에 가게 되었습니다. 언덕을 가로질러 걸어가는 동안 그는 베두인족의 천막 하나를 지나게 되었습니다. 해는 중천에 떠있었고 날은 무척 후덥지근했습니다. 천막 안에 앉아서 산들바람을 즐기고 있던 주인은 그가 돌아오는 길에는 천막에서 달려나와 그의 가는 길을 가로막았습니다. 마치 창세기 18장에서 한창 무더운 정오에 자신의 천막을 지나가던 세 사람을 강권하여 대접하였던 아브라함처럼 그 주인은 고고학자에게 차를 한 잔 마시면서 쉬어 가라는 것이었습니다. 중동에서는 이와 같은 친절한 손님 접대를 명예스러운 것으로 생각하고 있기 때문에, 만약에 이러한 강청을 거절할 경우에는 명예훼손으로 여겨서 칼부림이 일어나기도 한다고 합니다. 이에 그 베두인과 고고학자는 천막에 앉아 차를 마시면서 이런저런 이야기를 나누게 되었습니다. 베두인족의 차는 거의 끈적끈적할 정도로 아주 달아서 손님에게 활기를 줄 뿐 아니라 대접받는 느낌을 준다고 합니다. 차에는 차잎과 향료를 곁들여서 풍미를 더할 때가 많습니다. 차를 마시며 이야기하는 동안 고고학자는 여러 번 자리에서 일어나려고 했지만, 주인이 놓아주려 하지 않아서 그는 주인이 권하는 차를 일곱 잔이나 마셔야만 했습니다. 그래서 배를 출렁거리면서 천막을 나오는 그 고고학자는 "내 잔이 넘치나이다"라고 하는 시편의 말씀이 절로 생각이 났다고 합니다.

오늘 우리는 시편 23편 5절에 있는 말씀을 상고하려고 합니다. "주께서 원수의 목전에서 내게 상을 차려 주시고 기름을 내 머리에 부으셨으니 내 잔이 넘치나이다." 개역개정에서는 상을 차려 주신다고 잘 번역을 해서 오해의 소지가 없지만, 개역에서는 '상을 베푸시고'라고 번역해서 오해의 소지가 있었습니다. 즉, 원수들 보는 앞에서 내가 포상을 하신다고 오해할 수 있었습니다. 5절에서 다윗이 사용하고 있는 중요한 단어는 세 개입니다. 상, 기름, 그리고 잔입니다.

배경 설명

먼저 이 5절의 말씀이 어떤 배경에서 나온 구절인지에 대해서 설명을 드립니다. "주께서 원수의 목전에서 내게 상을 차려 주시고 기름을 내 머리에 부으셨으니 내 잔이 넘치나이다." 주체는 주님, 하나님이십니다. 그리고 하나님께서 무엇을 하시느냐 내 원수들이 보는 앞에서 상을 차려 주신다는 것입니다. 이 상은 그냥 평범한 밥상이 아니고 진수성찬이 차려진 잔칫상을 말합니다. 그리고 상만 차려주시는 것이 아니고 기름을 머리에 부어주셨다고 하는데 이는 향수를 말합니다. 팔레스타인은 무척 덥기 때문에 땀도 많이 흘리고 피부가 거칠어 집니다. 그래서 잔칫집에 손님으로 가면 향수를 발라주는 풍습이 있었습니다. 그렇게 하면 피부 보호도 되고, 향기로운 냄새 때문에 기분도 좋아지는 것입니다. 특히 다윗은 자신의 머리에 기름을 부어주신다고 했으니, 이는 값비싼 향수를 아낌없이 기름을 붓듯이 부어주셨다는 의미입니다. 이는 아주 존귀히 여김을 받고 풍성하게 대접을 받았다는 것을 가리킵니다. 그래서 이 두 가지의 대접을 받고보니까 자신의 잔이 주체할 수 없을 정도로 넘쳐 흐른다는 것입니다.

우리는 1-4절에서는 목자와 양의 바탕에서 이해해 왔는데,

이제 5절은 어떻게 이해해야 하는 것일까요? 5절을 그냥 읽으면 머리에 떠오르는 것은 잔칫집에서 주빈으로 융숭하게 대접받았다는 이야기입니다. 특히 힘들고 어려운 시절을 보내고 나서 자기를 못 잡아 먹으려고 안달이었던 원수들이 보는 앞에서 거나하게 잔칫상을 차려주시면서 치하해 주시는 배경으로 이해가 됩니다. 그리고 기름을 아끼지 아니하고 머리에 부어주신다고 하니 아주 존귀한 자로 대접을 받는 그런 느낌을 전달해 줍니다. 특히 "내 잔이 넘치나이다"라고 할 때의 잔은 잔치 때에 사용하는 잔을 가리킵니다. 단순히 일상적인 필수적 공급에 대한 것이 아니라 그 이상의 풍성함을 지칭하고 있습니다. 그래서 5절의 말씀을 잔칫집의 영상을 사용하여 자신이 받은 역전의 은혜에 대하여 고백하고 있다고 해석하는 것이 일반적입니다. 다윗은 목자와 양의 관계에서 아주 능력 있고 후덕한 잔칫집 주인과 과분하게 대접받고 있는 손님의 관계로 전환시키고 있다는 것입니다. 그래서 1-4절은 목자이신 하나님, 양인 자신의 인생으로 묘사했고, 5-6절에서는 주인이신 하나님 그리고 손님인 자신으로 표현했다는 것입니다.

하지만 필립 켈러의 책을 보면 5, 6절은 여전히 목자와 양의 관점에서 읽을수 있다고 합니다.[20] 즉, 시편 23편은 두 개의 영상이 아니라 목자와 양이라고 하는 단 하나의 영상으로 표현된 것이라는 것입니다. 설명을 드리자면 이렇습니다. 우리가 4절에서 사망의 음침한 골짜기에 사는 것이 아니고 통과하는 것이라고 말씀드렸는데, 그렇게 위험하고 험악한 골짜기를 지나 양떼들을 어디로 데리고 가려고 하느냐 하는 질문을 던져 보시면 됩니다. 팔레스타인의 목자들은 자신의 양떼를 위하여 한 곳에서 풀을 먹일 수만 없기 때문에 수시로 옮겨 다녀야 했습니다. 그래서 한 곳에서 풀을 먹이면서도 다음에는 어디로 데리고 가야 하느냐 미리미리 준비를 해야 합니다. 더 넓고 풍성한 목초지는 때로는 높은 언덕에 있었습니다. 그곳에 데리고 가려고 하니까 사망의 음침한 깊은 골짜기를 통과하게 되는 것입니다. 그렇게 높은 곳에 있는 풍성한 목초지에 데리고 가서 양으로 하여금 마음껏 풀을 뜯게 하는 장면이 5절의 배경이라는 것입니다. 더욱이 능력있고 세심한 목자가 양의 목숨을 노리는 원수들에게서 잘 보호해 주기 때문에 내 원수들의 목전에서 상을 베풀어 주신다고 고백할 수 있다는 것입니다. 뿐만 아니라 양떼는 코에 끈쩍끈쩍한 부위를 통해서 기생충이나 병균이 잘 침투해서 뇌를 망가뜨릴 수 있기 때문에 목자는 특별히 제조한 물약을 발라 주어야 한다고 합니다.[21] 이렇게 세심하게 돌보아 주는 목자의 목양 사역을 힘입어 내 잔이 넘치나이다라고 고백할 수가 있다고 하는 것입니다.

   제가 지금 두 가지 배경 설명을 드렸습니다. 잔칫집 주인과 과분하게 대접받고 있는 손님의 배경이었고, 다른 하나는 사망의 음침한 골짜기를 지나 높은 곳에 있는 풍성한 목초지에서 마음껏 풀을 뜯어 먹고 있는 양떼의 모습입니다. 사실 이 두 가지는 서로 배치가 되는 것이 아니고, 그러한 영상을 통해서 전달하려고 하는 메시지는 동일합니다. 하나님께서 이렇게 인생의 역전과 풍성함을 주셨다는 뜻입니다. 더욱이 자기를 해하려고 했던 원수들 보는 데서 떡 벌어지게 잔칫상을 차려 주심으로 자신을 높이셨으며, 기름을 머리에 아낌없이 부어주심으로 넘치는 감격을 주셨다는 이야기입니다. 그래서 그가 가슴과 영혼으로 느껴지는 감격과 풍성함이란 마치 아낌없이 부어주는 포도주로 인하여 잔이 넘쳐 흐르는 상황과 유사하다는 의미인 것입니다.

내 잔이 넘치나이다

   그러면 이제 이러한 메시지를 다윗의 생애 속에서 추적을 해 보도록 하십시다. 다윗은 생을 살아오면서 사망의 음침한 골짜기를 지내왔다고 고백했습니다. 그러한 골짜기에서 망한 것이 아니라 하나님이 함께 해주셨고, 지팡이와 막대기가 자기를 안위해 주셨다고 고백했습니다. 누구나 이러한 골짜기를 지나갈 때가 있습니다. 길이 너무 날카롭고 위험해 보이고, 원수들의 위협하는 소리들이 귓전에 들려옵니다. 그래서 곧 공격당하여 죽을 것 같은 두려움을 느끼기도 합니다. 하지만 이러한 과정에 주님은 우리와 함께 하시어서 보호해 주시는 것입니다. 그리고 그러한 골짜기를 통과하면서 우리의 신앙은 더욱더 순수해지고 더욱더 장성해지는 것입니다. 버릴 것을 버리고, 사모할 것 사모하게 됩니다. 벼이삭이 잘 익기 위해서는 뜨거운 햇볕만 있어서는 안됩니다. 밤의 서늘함도 있어야 하고 그리고 비도 내려야 합니다. 우리의 신앙의 여정도 동일합니다. 좋을 때도 있지만 너무 너무 힘들 때도 있습니다.

그러나 또한 이 시기는 곧 지나간다는 것도 잊지 말아야 합니다. 그것은 영원하지 않습니다. 그리고 예레미야애가 3장 33절에서 말씀하는 대로 "주께서 인생으로 고생하게 하시며 근심하게 하심은 본심이 아니"십니다. 궁극적으로 우리에게 약속하신 것은 높은 곳에서의 풍성한 삶입니다. 구약 성경 이

사야 25장 6절 이하에 보시면 여호와 하나님은 이렇게 약속하고 있습니다.

> 만군의 여호와께서 이 산에서 만민을 위하여 기름진 것과 오래 저장하였던 포도주로 연회를 베푸시니니 곧 골수가 가득한 기름진 것과 오래 저장하였던 맑은 포도주로 하실 것이며 또 이 산에서 모든 민족의 얼굴을 가린 가리개와 열방 위에 덮인 덮개를 제하시며 사망을 영원히 멸하실 것이라. 주 여호와께서 모든 얼굴에서 눈물을 씻기시며 자기 백성의 수치를 온 천하에서 제하시리라. 여호와께서 이같이 말씀하셨느니라(6-8절).

선한 목자이신 주님께서 우리에게 약속하신 것도 "양으로 생명을 얻게 하고 더 풍성히 얻게 하"려는데 있습니다(요 10:10-11). 달리 말하자면 주님은 우리에게 풍성하고 충만한 삶을 주시고자 하십니다.

다윗은 사망의 음침한 골짜기를 지나서 하나님께서 자신의 인생에 큰 잔치를 베풀어 주시고, 그리고 자신의 머리에 기름을 부으셨다고 고백합니다. 골짜기에서도 하나님이 함께 하심으로 다윗에게 은혜를 주시고 복을 주셨지만, 잔칫상을 베푸시고 기름을 부으시되 원수들 앞에서 그렇게 하신다는 것은 다윗을 공식적으로 높이시고, 그를 축복하심을 의미합니다. 누가 보더라도 다윗이 하나님의 사랑과 복을 받은 자로 인정할 수밖에 없고, 심지어 원수들이라도 더 이상 그를 핍박하지 못하고 그 사실을 인정할 수밖에 없는 충만한 복을 의미합니다. 다윗은 십여 년 동안 사울에 의해서 쫓기는 삶을 살았습니다. 가드에까지 도망가고, 산을 두고 이쪽 저쪽으로 피해야 할 정도로 몹시 다급해진 적도 있습니다(삼상 23:26). 스스로를 가리켜서 죽은 개 같은 자, 벼룩 같은 자라고 칭할 만큼 낮아졌고, 600명의 사회 부적응자들의 두목으로 살았고, 아말렉에 가족들을 빼앗겼을 때에는 그 사람들에게 돌팔매질을 당해 죽을뻔 하기도 했습니다(삼상 30:6). 이만큼 낮아지고 비천해졌지만 다윗은 하나님과 동행했고 하나님은 그에게 복을 주셨습니다.

사망의 음침한 골짜기에도 함께 하셨던 하나님이 때가 되매 마침내 다윗을 높여주셨습니다. 그를 높은 곳에 세우셨습니다. 하나님이 다윗과 함께 하신다, 하나님이 다윗을 복을 주셨다는 사실을 공개적으로 알리셨습니다. 먼저는 그를 유다의 왕으로 기름 부어 주셨습니다(2:4). 왕국의 분열을 주도했던 아브넬도 다윗이 하나님의 선택받은 왕임을 시인했고 이스라엘 장로도 시인했습니다(삼하 3:17이하). 마침내 온 이스라엘이 헤브론에 이르러 다윗에게 "보소서 우리는 왕의 한 골육이니이다. 전에 곧 사울이 우리의 왕이 되었을 때에도 이스라엘을 거느려 출입하게 하신 분은 왕이시었고 여호와께서도 왕에게 말씀하시기를 네가 내 백성 이스라엘의 목자가 되며 네가 이스라엘의 주권자가 되리라 하셨나이다"(삼하 5:1-2)라고 고백하였습니다. 그러고 나서 다윗에게 온 이스라엘의 왕으로 기름을 부었습니다. 다윗은 이처럼 세 차례나 기름부음을 받아서 마침내 온 이스라엘의 왕이 되었습니다.

뿐만 아니라 하나님께서는 다윗을 통하여 온 나라를 평화롭게 통일할 수 있게 하셨고, 다윗을 통하여 주변 열국들을 다 정복하게 하셨습니다. 모압, 암몬, 에돔, 그리고 사사 시대 동안 옆구리의 가시처럼 늘 이스라엘 백성들을 괴롭히곤 했던 블레셋조차 굴복시키고, 북쪽의 아람까지 복속시키시어 가나안 정복 전쟁을 완성하고 이스라엘에게 평화(샬롬)를 가져오게 하셨습니다. 출애굽한 후 400여년 만에 처음으로 가나안 땅을 다 누리게 하실 뿐 아니라, 원래 아브라함에게 약속하셨던 광대한 땅을 누리게 해 주셨습니다. 다윗은 왕이 되고 나서 이스라엘 백성들에게 공의와 정의를 행했습니다. 그리고 하나님께서는 다윗에게 많은 부를 허락하시어 성전 건축을 준비하게 해주셨습니다. 오빌의 금만 해도 삼천 달란트,

대략 환산하면 약 100톤을 봉헌할 수 있을 정도였습니다. 그러나 다윗의 인생에 있어서 하나님께 받은 큰 복은 다윗의 왕조를 세워주겠다는 것입니다. 그의 후손들에게서 왕위가 떠나지 않는다는 것입니다(삼하 7장). 궁극적으로 다윗의 후손인 메시아에게서 성취가 되는 엄청난 약속입니다. 예수님은 다윗의 왕위에 앉아서 영원히 왕 노릇 하시는 분으로, 그리고 자신을 다윗의 자손이라고 소개하기를 부끄러워하지 않으셨습니다.

자, 이와 같이 풍성하고 분에 넘치는 대접, 이와 같은 풍성한 축복, 흘러 넘치는 복을 받게 되었을 때에 다윗의 입에서 나오는 고백이 바로 "내 잔이 넘치나이다"는 것입니다. 이렇게 풍성한 은혜와 복을 경험하게 되었을 때에 시편 116편에서는 "내게 주신 모든 은혜를 내가 여호와께 무엇으로 보답할까? 내가 구원의 잔을 들고 여호와의 이름을 부르며 여호와의 모든 백성 앞에서 나는 나의 서원을 여호와께 갚으리로다."라고 고백할 수 있었고(12-14절), 역대상 17장 16, 17절에서는 "다윗 왕이 여호와 앞에 들어가 앉아서 이르되 여호와 하나님이여 나는 누구이오며 내 집은 무엇이기에 나에게 이에 이르게 하셨나이까? 하나님이여 주께서 이것을 오히려 작게 여기시고 또 종의 집에 대하여 먼 장래까지 말씀하셨사오니 여호와 하나님이여 나를 존귀한 자들 같이 여기셨나이다."라고 고백할 수 있었던 것입니다.

그리고 다윗이 누리게 되었던 넘쳐나는 복은 단지 풍성한 충만함일 뿐 아니라 넘쳐흐르는 충만이라는 것도 주목해야 합니다. 즉, 그가 자신의 잔이 넘칠만큼 풍성하게 복을 받았다로 끝나지 아니하고, 그가 복의 통로가 되어서 곁에 있는 수 많은 백성들의 잔으로 흘러 들어갔다고 하는 사실입니다. 다윗 한 사람 때문에 당대의 이스라엘이 수백 년 만에 제대로 된 복을 누릴 수가 있었다는 점을 잊으면 안 됩니다. 뿐만 아니라 열왕기와 역대기에서 끊임없이 확인하는 바이지만 그가 받은 풍성한 은혜와 축복은 자기 당대에 멈추지 아니하고 솔로몬 때에 이르러 더욱더 풍성해졌고, 후손들이 다윗처럼 경건하게 살지 않았던 시절에라도 끊어져 본 적이 없는 풍성함이었습니다. 하나님은 다윗 때문에 참고 또 참아주시는 것을 볼 수가 있습니다. 그리고 궁극적으로는 다윗의 자손으로 오신 예수 그리스도 안에서 다윗과 맺었던 언약은 성취되어지고 완성되어지는 것을 볼 수가 있습니다. 실로 잔 하나의 충만 정도가 아니라 큰 대하(大河)와 같다고 할 것입니다.

우리 모두를 위한 잔

우리는 다윗에게 주셨던 그 대접과 넘치는 잔의 경험이 단순히 다윗의 인생에 그치는 것이 아니라 믿는 우리 모두를 위한 것이라는 점을 기억해야 합니다. 물론 문자적으로 다윗처럼 왕조를 누린다, 셀 수 없는 부를 누린다 그런 식으로 생각하자는 말이 아닙니다. 축복의 정도는 다르고 축복의 양식은 다릅니다. 그러나 신약에서도 주님께서 우리에게 주시고자 하시는 궁극적인 삶은 고난, 고초, 번민, 고뇌가 아니라는 것을 알아야 합니다. 주님은 우리들에게 풍성한 삶을 약속하셨습니다. 넘치는 복을 약속하셨습니다. 나 하나로 끝나지 아니하고 수많은 이들에게 흘러넘치게 할 수 있는 복을 약속하셨습니다. 에베소서 1장 3절에서는 하늘에 속한 모든 신령한 복을 우리에게 주셨다고 말씀하시고, 고린도전서 3장에서는 "만물이 다 너희의 것이라"For all things are yours고 말씀하셨습니다. 바로 그러한 풍성한 삶을 누리게 하기 위해서 다윗의 자손이신 주 예수 그리스도께서는 인간의 몸을 입고 이 땅에 오셔서 극악한 고난을 당하시고 대속의 죽음을 죽어주셨다는 것을 잊지 마시기를 바랍니다.

사실 성경에 의하면 우리들은 그러한 풍성한 잔을 누릴 수 있는 자격이 없습니다. 오히려 우리에게 해당하는 잔이 있다고 한다면 심판의 잔이요, 고난의 잔일 것입니다. 신구약 성경에 보면 잔cup을 악인들이 마셔야 하는 심판의 잔이나 고난의 잔으로 묘사하는 곳이 많습니다(렘 25:15-18; 겔 23:31이하; 계 14:10, 1:19 등). 이사야 51장에 있는 구절들을 읽어 드리겠습니다.

> 여호와의 손에서 그의 분노의 잔을 마신 예루살렘이여 깰지어다. 깰지어다. 일어설지어다. 네가 이미 비틀걸음 치게 하는 큰 잔을 마셔 다 비웠도다. 네 주 여호와, 그의 백성의 억울함을 풀어 주시는 네 하나님이 이같이 말씀하시되 보라 내가 비틀걸음 치게 하는 잔 곧 나의 분노의 큰 잔을 네 손에서 거두어서 네가 다시는 마시지 못하게 하고 그 잔을 너를 괴롭게 하던 자들의 손에 두리라. 그들은 일찍이 네게 이르기를 엎드리라. 우리가 넘어가리라 하던 자들이라. 너를 넘어가려는 그들에게 네가 네 허리를 땅과 같게, 길거리와 같게 하였느니라 하시니라.

유다 백성들이 죄 때문에 받아야 했던 민족적인 수모와 고난을 이렇게 하나님의 진노의 잔을 마시고 비틀거리는 것에 비유를 했습니다.

복음서를 읽어보면 이런 의미에서 잔을 언급하는 몇 곳이 있습니다. 마태복음 20장 22절에 보면 주님의 나라에서 오른편 왼편을 구하는 요한과 야고보에게 "내가 마시려는 잔"the cup that I am to drink을 마실 수 있겠느냐고 주님은 질문하셨습니다. 그리고 요한복음 18장 11절에 보면 "아버지께서 주신 잔을 내가 마시지 아니하겠느냐?"는 말씀이 있습니다. 이 두 구절은 주님이 당하실 고난을 가리키는 것입니다. 그리고 마지막 만찬석에서 제자들에게 잔을 주시면서 말씀하시기를 "너희가 다 이것을 마시라. 이것은 죄 사함을 얻게 하려고 많은 사람을 위하여 흘리는 바 나의 피 곧 언약의 피니라"고 말씀하셨다는 것을 알고 있습니다(마 26:27, 28). 이때 나누어주신 잔에 담긴 포도주는 주님의 피를 상징하는 것입니다. 또한 겟세마네 동산에서 피땀을 흘려가시면서 기도하실 때에 주님이 기도하신 것은 "내 아버지여 만일 할 만하시거든 이 잔을 내게서 지나가게 하옵소서"였는데, 이 때의 잔은 단순히 죽음을 가리키는 것이 아니고 인류의 죄에 대하여 퍼부으시는 하나님의 진노를 가리킵니다. 겟세마네 동산에서 예수 그리스도께서 초죽음이 되실 정도로 고뇌하시고 힘들어하신 이유는 죽음에 대한 공포 때문이라기보다는 인류를 대신해서 마셔야 하는 하나님의 진노의 잔 때문이었습니다.

그러나 주님께서는 그렇게 두려워하셨던 잔을 마시고야 마셨습니다. 주님은 십자가로 뚜벅뚜벅 걸어가시어서 말로 형언할 수 없는 고통을 당하시었습니다. 특히 주님은 하나님의 진노가 가득히 담긴 잔을 대신 마셔주시었습니다. 다 이루었다고 하시고 돌아가심으로 우리들을 죄와 사망의 권세에서 구원하시는 일을 이루셨습니다. 주님이 고난의 잔을 마시므로써 우리들을 위하여 구원의 잔을 마실 수 있게 해주셨습니다(시 116:13). 이사야 선지자는 이러한 축복에 대해서 "그가 찔림은 우리의 허물 때문이요 그가 상함은 우리의 죄악 때문이라 그가 징계를 받으므로 우리는 평화를 누리고 그가 채찍에 맞으므로 우리는 나음을 받았도다"라고 예언했습니다. 사도 바울은 고린도후서 8장 9절에서 "우리 주 예수 그리스도의 은혜를 너희가 알거니와 부요하신 이로서 너희를 위하여 가난하게 되심은 그의 가난함으로 말미암아 너희를 부요하게 하려 하심이라"고 말씀하고 있습니다. 이 모든 일이 주님이 십자가 상에서 고난의 잔, 진노의 잔을 마셔 주셨기 때문에 가능한 것입니다. 우리의 죄는 주님께로 가서 대신 죄값이 치루어지고, 주님이 죽으심으로 마련하신 의의 옷은 우리들에게 와서 옷입혀졌습니다.

마르틴 루터는 이러한 십자가상의 교환을 복된 교환^{selige}

Weschsel이라고 일컬었습니다. 그리고 우리나라의 뇌성마비 시인인 송명희씨는 "너의 쓴 잔을"이라고 하는 신앙시에서 잘 표현해 주었습니다.

너의 쓴 잔을 내가 마시었고
나는 너에게 단 잔을 주었노라
너는 나에게 나에게로 오라
너는 나에게 내게로 내게 오라.
너의 쓴 잔을 받아든 나의 사랑을 거절하지 말고
너에게 주는 나의 단 잔을 받아마시라.

너의 근심을 내가 당하였고
나는 너에게 평안을 끼치노라
너는 나에게 나에게로 오라
너는 나에게 내게로 내게 오라.
너의 근심을 가져간 나의 은혜를 뿌리치지 말고
너에게 주는 나의 평안을 받아누리라.

너의 근심을 내가 당하였고
나는 너에게 평안을 끼치노라

너의 죽음을 감당한 나의 희생을 물리치지 말고

너에게 주는 나의 생명을 받아 살아라.

너의 죽음을 내가 맛보았고

나는 너에게 생명을 베푸노라

너는 나에게 나에게로 오라

너는 나에게 내게로 내게 오라.

내게로 내게 오라.

  사랑하는 여러분! 우리에게 주어지는 모든 것이 이처럼 우리의 가치나 공로 때문에 오는 것이 아니라 우리를 위하여 대속의 죽음을 죽으시고 피를 흘려주신 주 예수 그리스도 덕분이요, 은혜라는 것을 잊지 마시기를 바랍니다. 물론 모든 사람들이 다윗과 같과 동일한 종류와 양식으로 풍성한 식탁, 부어지는 기름, 그리고 풍성한 잔을 경험하지는 않습니다. 하지만 우리들은 예수 그리스도 덕분에 죄인에서 의인이 되었고, 영적으로 가난하고 불모지 같았던 인생이 풍성한 열매를 맺는 인생으로 초대받고 있습니다. 죽지 못해 산다고 하는 고백에서 이것이 바로 사는 것이다, 내 잔이 넘칩니다라고 고백할 수 있는 데로 부름받고 있습니다. 단지 우리 안에만 차고 넘치는 것이 아니라 옆에 있는 형제 자매들의 잔에 흘러 넘쳐가게 할 수 있는 축복의 통로가 될 수가 있습니다.

여러분 하나님이 주시고자 하시는 축복은 이렇게 잔이 넘친다고 가슴 벅차게 고백할 수 있는 삶인데 육신적인 것, 세상적인 것, 하찮은 것에 만족하고 있지는 않으신지요? 주님은 우리들에게 아무 생각 없이 살아갈 수 있는 정도의 평온한 삶이 아닙니다. 주님은 우리들에게 풍성한 삶, 넘치는 삶을 약속하고 있습니다. 염치가 없는 것이 아니라 주님을 의지하여 그러한 축복을 사모하시기를 바랍니다. 하늘에 속한 모든 신령한 복으로 복을 주셨다고 하는 권리증서를 가지시고 하나님 앞에 나아가 "주님, 저도 다윗처럼 내 잔이 넘치나이다 라고 고백할 수 있기를 원합니다"라고 간구하시기를 바랍니다.

그리고 여러분 가운데 인생의 깊은 골짜기를 지나가고 있는 분들이 있습니까? 4, 5절을 같이 기억하십시오. 하나님은 그러한 사망의 음침한 골짜기에서 여러분을 망하게 하시는 것이 아니라 높고 드넓은 축복의 고원지대로 데려가시기 위해서 통과시키고 있습니다. 주님이 함께하심을 믿고 지팡이와 막대기를 의지하시면 언젠가 여러분들도 내 잔이 넘치나이다라고 고백하실 때가 올 것입니다. 하나님은 모든 그의 자녀들에게 친절하고 후덕하신 아버지시라는 점을 인정할 수밖에 없게 될 것입니다. 그리고 이러한 하나님을 경험한 신자들은 오로지 다음과 같이 찬양할 수밖에 없을 것입니다.

> 내가 할 수 있는 것은 오직 감사와 기도
> 두 손을 높이 들고 주께 감사하네
>
> (All that I can do is thank him. All that I can do is pray. All that I can do is lift my hands to sing his praise).

6. 선하심과 인자하심이 따르는 인생

내 평생에 선하심과 인자하심이 반드시 나를 따르리니 내가 여호와의 집에

영원히 살리로다(시 23:6)

미국 시카고의 무디기념교회 목사였던 해리 아이언사이드 Harry Ironside에게 한 여성도가 찾아와서 상담을 했습니다. 이 여인은 항상 누군가가 자신을 미행하고 있다, 즉 스토킹하고 있다고 두려워하는 여인이었습니다. 자신이 아파트를 나오면 항상 두 남자가 자기를 따라오고, 전차를 탈 때마다 자신의 옆에 서 있더라고 말했습니다. 아이언사이드 목사님은 여성도와 대화를 통해서 그 두 남자는 그녀의 상상 속에서 비롯된 가공의 인물임을 알아차렸습니다. 정신적으로 조금 문제가 있었던 것입니다. 아이언사이드 목사님은 여성도에게 지혜롭게 대답을 해주었습니다. "걱정하실 것이 전혀 없습니다. 그

두 남자는 당신을 도우려고 파송된 다윗의 종입니다." 그리고 시편 23편 6절을 찾아서 "내 평생에 선하심과 인자하심이 반드시 나를 따르리니"라고 하는 구절을 보여주면서 "그 두 사람은 선하심과 인자하심이라는 이름을 가진 사람들이고 그들의 임무는 당신을 돕는 것입니다"라고 말하여 그녀를 안심시켰습니다. 그녀는 그 설명에 만족하고 더 이상 염려하지 않게 되었다고 합니다. 물론 이야기가 좀 이상하긴 합니다만, 그러나 다윗이 자신의 인생길 속에서 하나님의 선하심과 인자하심이 맹렬하게 뒤따라 왔으며 평생토록 그러할 것이라고 고백하는 바는 우리들에게도 적용이 되는 축복입니다.

선하심이 나를 따르리니

시편 23편에서 다윗은 하나님과 자신의 관계를 목자와 양의 관계에 비유했습니다. 우리는 다윗이 자신의 파란만장한 생애를 뒤돌아 보면서 선한 목자되신 하나님의 돌보심과 보호하심 덕분에 아무런 부족함이 없는 삶을 살았노라고 고백하는 것을 보았습니다. 다윗은 마지막 절에서 그와 같은 하나님의 선하심과 인자하심이 자신의 평생에 자기의 뒤를 따를 것이라고 고백을 하고 있습니다. 그는 세상의 그 무엇도 하나님의 선하심과 인자하심에서 자신을 끊어놓을 수 없다는 확신을 고백하고 있습니다. "내 평생에 선하심과 인자하심이 반드시 나를 따르리니." 다윗은 이처럼 "선하심과 인자하심"*tov wahesed*이라는 두 단어를 통해 앞서 본 1-5절에서 고백했던 하나님의 돌보심을 요약적으로 표현하고 있습니다.

시편 23편에 대한 많은 명상과 묵상 가운데서 G. 핸더슨이 표현한 것을 빌려서 다섯 절을 정리해 봅시다.

> 나는 쉼이 부족하지 않을 것이다. 왜냐하면 하나님께서 나를 푸른 초장에 누이시기 때문이다. 초장은 무성하고 시원하다. 나는 머리를 누이고 긴장을 늦춘다.
>
> 나는 상쾌함이 부족하지 않을 것이다. 왜냐하면 그분께서 나를 잔잔한 물가로 인도하시기 때문이다. 죽 들이키는 한 모금의 시원하고 맑은 물- 나의 갈증을 풀고 나를 소생시키는 것으로 이보다 더 좋은 것이 무엇일까?
>
> 나는 안내가 부족하지 않을 것이다. 왜냐하면 그분께서 나를 인도하시기 때문이다. 나의 관계와 나의 가족과 나의 미래를 위하여 나는 내 자신 밖에서 오는 도움이 필요하다. 하나님을 찬양하라. 그분은 나의 인도자시다!

나는 화평이 부족하지 않을 것이다. 왜냐하면 나는 악을 두려워하지 않기 때문이다. 어둠은 밤이며, 어둠의 힘은 강력하다. 그러나 그분은 더 강력하시다. 그분의 손을 잡으므로, 나는 매일 새로운 날 속으로 담대하게, 자신 있게, 앞으로 나아간다.

나는 우정이 부족하지 않을 것이다. 왜냐하면 하나님께서 나와 함께하시기 때문이다. 그분께서는 "내가 결코 너희를 버리지 아니"(히 13:5)하리라고 약속하신다. 나의 주님은 나의 인간 동료보다 더 소중하며, 그분의 사랑은 어떤 육신의 사랑보다 더 친밀하다.

나는 위로가 부족하지 않을 것이다. 왜냐하면 하나님의 지팡이와 막대기가 나를 받쳐 주기 때문이다. 그분께서는 내가 지탱하기 위하여 당신의 손을 잡도록 명하신다. 모든 곳에서 모든 순간에 그분은 나를 위해 그곳에 계신다.

나는 영양이 부족하지 않을 것이다. 왜냐하면 그분께서 나를 위해 식탁을 준비하시기 때문이다. 그분께서는 나를 당신의 연회장으로 초청하신다. 내 위에 덮인 그분의 기는 사랑이다. 나는 기쁨이 부족하지 않을 것이다. 왜냐하면 그분께서 나의 머리를 기름으로 바르시기 때문이다. 아론의 수염에 흘러내리는 거룩한 기름처럼, 그분의 복은 끊임없이 내 위에 흘러내린다.

나는 모든 것이 부족하지 않을 것이다. 왜냐하면 나의 잔은 넘치기 때문이다. 예수님은 지금과 영원토록 내가 필요로 하는 전부이시다. 나는 행복이 부족하지 않을 것이다. 왜냐하면 선함과 인자함이 나를 따르기 때문이다.

하나님의 선하심은 이처럼 그의 백성들을 위해서 필요한 모든 것을 공급해 주시는 것으로 나타납니다. 다윗은 자신의 인생을 뒤돌아보면서 자신의 삶의 시기마다 필요할 때마다 하나님의 선하심이 역사하셨음을 고백합니다. 하나님의 공급하심이 있었기에 부족함이 없는 인생이었노라고, 행복한 인생이었노라고 고백을 하고 있습니다. 우리가 5절 말씀에 대해서 살펴보면서 중동 사람들의 열렬한 손님 접대에 대해서 생각했습니다만, 그러나 손님 접대는 최대한 사흘까지일 뿐입니다. 하지만 지금 다윗은 하나님의 공급하심은 사흘이 아니라 평생토록 이어질 것이라고 고백하고 있습니다. 그리고 다윗이 선하심과 인자하심이 평생에 따른다고 고백할 때에 '따른다'에 해당하는 히브리어 단어 라다프*radap*는 아주 특이하고 강렬한 의미를 담고 있는 단어입니다. 라다프(רדף)라는 히브리어 동사는 기본적으로 "따라가다, 뒤쫓아가다, 뒤쫓다, 가까이 시중하다, 박해하다, 괴롭히다, 안전하도록 뒤따르다"는 의미를 지니고 있습니다. 사람이나 동물이 해꼬지하려고 하는 대상을 잡기 위해서 맹렬하게 추격하듯이 하나님의 선하심과 인자하심이 자신의 인생에 그렇게 뒤따라왔으며 앞으로도 뒤따라 추격해 올 것이라는 의미입니다. 선하심과 인자하심이 의인화된 하나님의 시종들처럼, 시인이 안전하도록 뒤따르며, 지키고 있는 모습을 보여줍니다. 그동안 원수들이 시인을 추적해 왔으나 주님은 선하심과 인자하심으로 시인을 돌보며, 이끌어 오셨습니다. 다윗은 하나님의 선하심과 인자하심이 수호천사처럼 자신의 뒤를 바짝 따라오며 역사했음을 인식하고 있고, 그리고 앞으로도 그러할 것을 확신하고 있습니다.

인자하심이 나를 따르리니

다윗의 뒤를 좇아오면서 필요한 모든 것을 공급해 주시는 하나님의 역사를 선하심이라고 표현했다면 인자하심이라는 것은 언약적인 사랑을 의미합니다. 인자하심이라고 번역된 히브리어 단어는 헤세드(חסד)입니다. 이 헤세드라는 단어는 꼭 기억할 만한 단어입니다. 성경에는 다양하게 번역되어 있습니다. 그러나 어떤 다른 나라말로도 제대로 번역하기 어려운 단어가 바로 이 헤세드라는 단어입니다. 그 풍성하고 진한 의미를 담아낼 한글이 없습니다. 단순히 인자와 자비 정도가 아니기 때문입니다. 그래서 저는 언약적인 사랑covenantal love 이라는 말로 표현을 합니다. 조금 설명을 드린다면 이 헤세드는 불변의 사랑입니다. 그리고 포기하지 않는 사랑, 떨어지지 않는 사랑입니다. 또한 견고한 사랑입니다. 그러면서 자애롭고 부드러운 면을 갖춘 사랑이기도 합니다.[22]

다윗은 자신의 생애를 돌아보면서 하나님의 선하심에서 나오는 풍성한 공급하심만 인식하는 것이 아니고, 하나님의 언약적인 사랑인 헤세드를 진하게 상기하고 있습니다. 그리고 그러한 인자하심이 자신의 남은 평생동안 따라올 것이라고 확신하며 고백하고 있습니다. 십대에 이스라엘 왕으로 기름 부으신 하나님께서는 십여 년의 파란만장한 도망자 시절에 함께 하시면서 그를 보호해 주셨습니다. 때로는 죽은 개와 같다, 한 마리 벼룩에 불과하다고 고백할 수밖에 없었고, 나와 죽음 사이에는 한 걸음뿐이라고 고백할 정도로 다급한 적도 있었지만, 하나님의 인자하심은 끝이 나지 아니하고 그의 뒤를 맹렬하게 쫓으면서 그를 보호했습니다. 그래서 마침내 이스라엘의 왕이 되게 하셨습니다. 하나님은 언약하신 대로 다윗을 끝까지 책임지고 사랑해주신 것입니다.

그러나 다윗을 향한 하나님의 인자하심(헤세드)은 그런 정도에서 그친 것이 아니었습니다. 다윗이 중년에 끔찍스러운 죄에 빠져서 영적인 무감각 상태에 떨어져 있었을 때에 조차도 하나님의 인자하심은 끊어지지 않았다는 것을 우리는 잘 알고 있습니다. 충신을 죽이고 충신의 아내를 빼앗는 죄를 짓고도 죄를 죄로 인식조차 못했던 다윗에게 나단 선지자를 보내시어 하나님께서는 죄를 깨우쳐주셨습니다. 그리고 마땅히 죽어야 할 죄를 지은 다윗이지만, 그가 애절하게 죄를 회개할 때에 그를 용서해 주시고 그의 왕위를 보존해 주셨습니다. 그리고 그의 후손들에 대해서도 동일한 언약의 사랑을 베푸시겠다고 약속하셨습니다. 죄를 짓는다면 사람의 매와 인생의 채찍을 사용해서 징계는 하겠지만 버리지는 않겠다는 것입니다. 이처럼 하나님의 인자하심은 회개하는 죄인의 죄를 용서해주시는 데에서도 유별나게 두드러지는 것입니다.

다윗은 그와 같은 하나님의 인자하심에 대해서 시편 103편 8-18절에서 자세하게 고백을 하고 있습니다. 한 해를 끝내거나 우리의 인생의 경주를 마칠 때에도 우리에게도 절실하게 필요한 것이 바로 이러한 하나님의 인자하심입니다.

여호와는 궁휼이 많으시고 은혜로우시며 노하기를 더디 하시고 인자하심이 풍부하시도다. 자주 경책하지 아니하시며 노를 영원히 품지 아니하시리로다. 우리의 죄를 따라 우리를 처벌하지는 아니하시며 우리의 죄악을 따라 우리에게 그대로 갚지는 아니하셨으니 이는 하늘이 땅에서 높음 같이 그를 경외하는 자에게 그의 인자하심이 크심이로다. 동이 서에서 먼 것 같이 우리의 죄과를 우리에게서 멀리 옮기셨으며 아버지가 자식을 긍휼히 여김 같이 여호와께서는 자기를 경외하는 자를 긍휼히 여기시나니 이는 그가 우리의 체질을 아시며 우리가 단지 먼지뿐임을 기억하심이로다. 인생은 그 날이 풀과 같으며 그 영화가 들의 꽃과 같도다. 그것은 바람이 지나가면 없어지나니 그 있던 자리도 다시 알지 못하거니와 여호와의 인자하심은 자기를 경외하는 자에게 영원부터 영원까지 이르며 그의 의는 자손의 자손에게 이르리니 곧 그의 언약을 지키고 그의 법도를 기억하여 행하는 자에게로다.

이와 같은 하나님의 진하고 강렬한 인자하심이 없다고 한다면 다윗의 인생은 그렇게 아름답고 복된 인생으로 끝날 수가 없었습니다. 다윗은 자신의 인생을 뒤돌아보면서 하나님의 인자하심이 맹렬하게 자신의 인생을 추격해 오면서 살리시고, 용서하시고, 일으켜 세워주셨다고 고백을 할 수밖에 없었습니다. 그리고 그러한 인자하심이 영원할 것을 알기에 나의 평생에 선하심뿐 아니라 인자하심이 자신의 인생을 뒤따라 올 것이라고 고백을 할 수 있게 되었습니다.

내가 여호와의 집에 영원히 살리로다

이제 6절 하반절로 넘어가 보겠습니다. 다윗은 서원으로 시편을 마치는 것을 볼 수가 있습니다. 다윗은 "내가 여호와의 집에 영원히 살리로다"고 고백합니다. 시편 27편 4절에서도 다윗은 "내가 여호와께 바라는 한 가지 일 그것을 구하리니 곧 내가 내 평생에 여호와의 집에 살면서 여호와의 아름다움을 바라보며 그의 성전에서 사모하는 그것이라"고 고백하는 것을 보았습니다. 26장 8절에도 보면 "여호와여 내가 주께서 계신 집과 주의 영광이 머무는 곳을 사랑하오니"라고 고백합니다. 이 두 시편은 다윗이 젊을 때에 쓴 시편들입니다. 젊을 때에도 다윗은 하나님의 집에 거하기를 간절히 사모했습니다. 하지만 이제 구절양장같이 파란만장한 생을 마무리해야 하는 시점에서 쓴 시편 23편 속에서도 다윗은 여호와의 집에서 영원히 살고 싶다는 강렬한 소원으로 끝을 맺고 있습니다. 일시적으로 잔칫집 손님으로 사는 것이 아니라 한 식구가 되어서 영원히 살고 싶어 하는 것입니다. 한평생을 살아오면서 목자이신 하나님의 충분한 공급을 경험하고 선하심과 인자하심을 체험하고 나니 그 좋으신 하나님과 함께라면 영원히 함께 살고 싶다고 하는 고백인 것입니다. 다윗은 남은 인생길 가운데도 하나님을 더욱더 가까이 하면서 영적으로 친밀하게 살고 싶어하지만, 이 구절을 통해서 이 세상 너머에 있는 영원한 삶을 바라보고 있습니다. 그는 한평생으로 끝나는 것이 아닌 영원한 미래의 축복을 사모하고 있습니다. 그리고 그는 하나님의 집에서 노예로 사는 것도 아니고, 그렇다고 잠시 머물면서 환대받는 손님으로 사는 것도 아니고, 그의 자녀로써 영원히 살 것을 내다보고 있습니다.

우리는 여섯 번에 걸쳐서 다윗의 아름다운 시편 23편을 여섯 번에 걸쳐 상고했고, 오늘 마지막 절을 나누었습니다. 하나님과 우리들의 관계는 목자와 양의 관계와 유사합니다. 우리는 철저하게 하나님의 은혜로운 돌보심에 의존적일 수밖에 없는 인생들입니다. 지나온 우리의 인생을 뒤돌아보면 좋은 것, 복스러운 것, 어느 것 한 가지도 주의 은혜가 아닌 것이 없습니다 하는 고백을 할 수밖에 없습니다. 하나님은 푸른 풀밭, 쉴만한 물가로 우리를 인도해 주셨고, 때로는 뒤집혀진 양과 같은 우리 영혼을 소생케 해주시고, 의의 길로 인도해

주셨습니다. 그리고 험하고 무서운 깊은 골짜기를 통과할 때에도 주님은 우리와 함께 하시면서 그의 막대기와 지팡이로 우리를 인도해 주셨습니다. 또한 하나님께서는 원수들이 보는 앞에서 잔칫상을 차려주시고 기름을 머리에 부으셔서 공개적으로 우리를 존귀하다고 선포해 주셨습니다. 이런 모든 것들이 하나님의 선하심인 것입니다. 우리는 이 하나님의 선하심, 은혜를 잘 헤아려보고 감사하는 시간들을 가지시기를 바랍니다.

그리고 또한 우리는 하나님의 인자하심, 용서하시는 사랑, 포기하지 않으시는 그 사랑을 의지하고 회개하기를 잘 해야 합니다. 루터는 그리스도인의 삶은 한평생 회개하는 삶이라고 했습니다. 우리는 부족했고 넘어지기도 했지만 하나님의 인자하심은 변함없이 우리를 뒤쫓아 오면서 보호하시고 용서를 해주시었습니다. 내가 무슨 염치로 용서를 바라나, 축복을 바라나 그런 마음이 드시는 분들이 있다고 하더라도 하나님의 한이 없으신 인자하심을 바라보시고 용기를 얻으시기를 바랍니다. 우리가 할 일은 우리의 죄와 허물을 진심으로 뉘우치고 회개하는 일입니다. 그렇게 할 때에 하나님께서는 우리들의 죄를 다 용서해 주시고 새로운 기회를 주시는 것입니다.

우리가 살아온 날 동안에 하나님의 선하심과 인자하심에

대한 체험이 있다고 한다면, 그러한 선하심과 인자하심이 우리의 남은 생애 동안에도 맹렬하게 뒤쫓아 올 것이라고 하는 확신을 고백할 수가 있습니다. 뿐만 아니라 우리는 이 좋으신 하나님과 영원히 함께 살고 싶다고 하는 본향에 대한 그리움을 가슴에 품고 살아야 할 것입니다. 히브리서 11장 16절에서 말씀하시는 대로 "더 나은 본향, 하늘에 있는 본향"을 사모하는 자들을 위하여 하나님께서는 "그들의 하나님이라 일컬음 받으심을 부끄러워하지 아니하시고 그들을 위하여 한 성을 예비하셨"다는 것을 기억하십시다. 우리가 천국에 이를 때에야 모든 죄의 세력과 어두움에서 벗어나게 될 것입니다. 염려, 근심, 고통, 상처들에서 자유하게 될 것입니다. 그리고 주 안에서 먼저 떠나간 주의 성도들과 가족들을 만나 재회하며 영원히 헤어지지 않는 기쁨과 감격을 누리게 될 것입니다. 뭐니 뭐니 해도 사랑하는 주님을 뵈옵고 영원토록 교제하며, 사랑받으며, 사랑하며, 안식하며, 쉬며, 찬양하며 살게 될 것입니다. 이 땅 위에서 목자 되신 하나님의 풍성한 사랑을 맛보고 누려 본 자들만이 그 천국의 영광, 내 아버지 집의 영광을 사모하는 자들이 될 수가 있을 것입니다. 이러한 은혜가 가슴 깊이 느껴지고, 믿고, 소망이 되시기를 바랍니다.

2부

살진 송아지를 잡아

잔치하시는 아버지

누가복음 15:11-32

1. 집 나간 탕자를 기다리시는 아버지

또 이르시되 어떤 사람에게 두 아들이 있는데 그 둘째가 아버지에게 말하되 아버지여 재산 중에서 내게 돌아올 분깃을 내게 주소서 하는지라 아버지가 그 살림을 각각 나눠 주었더니 그 후 며칠이 안 되어 둘째 아들이 재물을 다 모아 가지고 먼 나라에 가 거기서 허랑방탕하여 그 재산을 낭비하더니 다 없앤 후 그 나라에 크게 흉년이 들어 그가 비로소 궁핍한지라 가서 그 나라 백성 중 한 사람에게 붙여 사니 그가 그를 들로 보내어 돼지를 치게 하였는데 그가 돼지 먹는 쥐엄 열매로 배를 채우고자 하되 주는 자가 없는지라 이에 스스로 돌이켜 이르되 내 아버지에게는 양식이 풍족한 품꾼이 얼마나 많은가 나는 여기서 주려 죽는구나 내가 일어나 아버지께 가서 이르기를 아버지 내가 하늘과 아버지께 죄를 지었사오니 지금부터는 아버지의 아들이라 일컬음을 감당하지 못하겠나이다 나를 품꾼의 하나로 보소서 하리라 하고 이에 일어나서 아버지께로 돌아가니라 아직도 거리가 먼데 아버지가 그를 보고 측은히 여겨 달려가 목을 안고 입을 맞추니 아들이 이르되 아버지 내가 하늘과 아버지께 죄를 지었사오니 지금부터는 아버지

> 의 아들이라 일컬음을 감당하지 못하겠나이다 하나 아버지는 종들에게 이르되 제일 좋은 옷을 내어다가 입히고 손에 가락지를 끼우고 발에 신을 신기라 그리고 살진 송아지를 끌어다가 잡으라 우리가 먹고 즐기자 이 내 아들은 죽었다가 다시 살아났으며 내가 잃었다가 다시 얻었노라 하니 그들이 즐거워하더라(눅 15:11-24)

이제까지 적지 않은 책들을 읽어보았지만, 저로 하여금 손에 쥐는 순간부터 다 읽어버릴 때까지 손에서 내려놓지 못하게 한 책이 있습니다. 그 책은 김진홍 목사님의 『새벽을 깨우리로다』(홍성사)는 책입니다. 김진홍 목사님의 청소년기와 청년기는 매우 불행하고 비참했습니다. 믿음의 가정에서 자라 주일학교 출신이었지만, 가난했던 목사님은 중고등부 때에 1년 반을 가출해서 남한을 떠돌아다녔습니다. 어떤 때는 강물이 불어나 넘치는 줄도 모르고 강가에 있는 창고에서 자다가 죽을 뻔하기도 했습니다. 그렇게 방황하다가 돌아왔으니 고등학교 졸업이 문제였는데, 성광고등학교가 용납해 주어서 졸업을 했습니다. 대학을 입학하면서는 성적이 잘 나와서 계명대학교 장학생으로 입학했습니다. 계명대학교 철학과를 졸업하고 워낙 성적이 좋아서 미국 유학을 보내어 주겠다, 다녀온 후에는 교수로 임용하겠다는 이야기가 있었습니다. 그러나 강사로서 강의를 하는 중에 어떤 학생이 '진리가 무엇입니까'라는 질문을 했습니다. 철학 인식론에는 진리 이론들이 있지요. 일치설, 명증설 등등을 설명했습니다. 그러자 그 학생은 "그런 진리 말고요. 교수님이 목숨을 걸 수 있는 그런 진리에 대해서 말해 주십시오"라고 다시 물었습니다. 이에 김진홍 강사는 큰 충격을 받고 다시 방황을 시작했습니다. 서울에 가서 노숙자 합숙소에 살면서 아이스께끼 통을 들고 수년 동안 내가 목숨을 걸 수 있는 진리가 무엇이냐 질문하면서 방황을 했습니다. 그러다가 철학과 선배의 조언에 따라서 성경을 같이 읽게 됩니다. 그리고 에베소서 1장 7절을 읽는 순간에 그 영혼에 천둥 번개가 쳤습니다. 자기가 왜 방황하는지 그 근본 이유를 깨닫게 되었습니다. 그것은 바로 자신 안에 있는 죄책감 때문이었습니다. 양심의 고통 때문이었습니다. 그런데 에베소서 1장 7절에 보니 예수 그리스도의 보혈로 말미암아 우리의 죄 사함을 받았다고 하는 점을 깨닫게 되었습니다. 그의 방황은 끝이 났습니다.

 가끔씩 통계 자료를 보면 이러저러한 이유로 가출하고 싶은 충동을 느낀다고 토로하는 수많은 청소년들이 있고, 그 가운데는 실제로 가출을 하는 경우들도 적지가 않습니다. 한때 유명한 You must come back home(너는 집으로 돌아와야 해)이라는 유행가가 있었습니다. 그 노래를 듣고 실제로 가출한 청소년들이 집으로 돌아오는 일이 일어나기도 했습니다. 그러나 그 노래 가사를 주의 깊게 읽어 보면 진정한 의미에서의 귀가를 말하는 것 같지는 않습니다. 심지어는 부모를 제압하라는 말을 쓰고 있습니다. 집으로 돌아오더라도 가족들과의 화해가 아니라 자기 자신을 완성하겠다는 이기주의 아니면 좋게 말한다고 해도 개인주의를 노래하고 있을 뿐입니다. 그것은 몸만 집으로 돌아오는 것입니다. 진정으로 집에 돌아오는 것은 자신의 본질을 바르게 깨닫고 가정의 중요성을 인정하며 가족들과의 관계를 제대로 회복하는 데 있습니다. 오늘 우리는 "복음 중에 복음"이라고 불리우는 탕자의 비유를 함께 나누려고 합니다. 마르틴 루터는 이 비유 하나 가지고도 복음을 다 설명할 수 있다고 강조할 정도로 이 비유는 중요하고 유명합니다.

유산을 챙겨서 먼 나라로 이주한 탕자(11-16절)

(1) 아버지가 돌아가시기도 전에 유산을 요구하는 탕자

이야기는 이렇게 시작됩니다. 한 사람에게 장성한 두 아들

이 있었습니다. 대개의 가정에서 그러한 것처럼 장남은 책임감이 강하고 아버지의 일을 잘 도와주는 스타일이었습니다. 혹은 유대 전통에 의하면 장남은 쩨쩨하고 정통적이고 위선적이다고 할 수 있습니다. 그러나 차남은 항상 아버지의 그늘을 벗어나고 싶어서 몸이 근질근질한 체질의 사람이었습니다. 비유 자체는 이 아들들의 나이가 얼마였는지 밝히지 않고 있습니다. 그러나 피츠마이어 같은 유명한 주석가는 둘째 아들은 결혼하지 않은 것으로 보이며 약 20세 정도였지 않겠는가 하고 견해를 밝혔습니다.[23] 우리 식으로 하면 약관의 나이이지만 당시는 성인으로 여겨지는 나이입니다. 평소에도 자주 물의를 일으키고 집안 내에 소란을 일으켰음이 틀림없는 이 아들이 하루는 너무나도 엄청난 요구를 아버지께 하였습니다. 그는 아버지에게 요구하기를 "아버지여 재산 중에서 내게 돌아올 분깃을 내게 주소서"(12상). 여기서 재산이란 땅을 가리킨다고 보면 되겠습니다.[24] 차남은 아버지에게 재산의 분할 상속분을 원하였습니다. 한국 사회에서는 자녀들이 출가하거나 사업을 한다고 할 때에 부모가 자신의 재산을 나누어 주는 경우들이 허다하기 때문에, 둘째 아들의 요구를 별로 이상하게 생각하지 않을 수도 있습니다. 그러나 이스라엘을 포함하여 중동 지역에서는 아버지가 자녀들에게 재산을 나누어

주는 시기는 죽기 직전의 시기라는 것을 알아야 합니다. 케네스 베일리 목사님은 40년 동안이나 이집트, 레바논, 예루살렘, 그리고 키프러스 등지에서 선교 사역을 하신 분인데 그분의 책을 보면서 본문의 배경에 대한 좋은 정보를 얻게 됩니다. 그는 지적하기를 이스라엘을 포함한 중동의 문화 속에서는 아버지가 돌아가시기도 전에 재산의 상속을 요구한다는 것은 있을 수 없는 일이며, 만약 그렇게 할 경우에는 "아버지 빨리 돌아가세요"라든지, 아니면 "아버지, 나는 당신이 돌아가실 때까지 기다릴 수가 없어요"Father, I cannot wait for you to die!라고 말하는 것과 다를 바 없는 것이라고 합니다. 따라서 오늘날의 중동 지역 사람들에게 본문에 나오는 탕자의 이야기를 해 주면 그런 일은 있을 수 없는 파렴치하고 무례한 요구라고 분노를 금치 못한다고 합니다. 만일 자식이 그와 같은 요구를 하는 경우에는 몽둥이찜질을 하던지, 성격이 강한 아버지라면 심지어 집에서 내어 쫓아내기까지 할 정도의 불효막심한 요구라는 것입니다. 실제로 수리아 농부의 맏아들이 유산을 요구했다가 집에서 내쫓긴 경우를 베일리 목사님은 소개합니다.

정리해 보면 레비슨의 말처럼 "유대인이나 아랍인들에게는 아버지가 살아 있는 동안 아들에게 아버지의 재산을 나눠

주는 것을 다루는 법률이나 풍습이 없다"고 할 수 있습니다. 그러나 오늘 우리가 읽은 누가복음 15장에 등장하는 아버지는 그러한 무리한 요구를 듣고 어떻게 하였습니까? 12절 하반절에 보시면 "아버지가 그 살림을 각각 나눠 주었더니"라고 기록하고 있지요. 구약 성경 신명기(21:17) 법에 따르면 아버지가 죽기 전에 유산 분배를 하게 되면 장남에게는 재산의 2/3를 주고, 차남에게는 1/3을 주는 것이 이스라엘 백성들의 관습이었습니다. 그런데 본문에 등장하는 아버지는 아직 멀쩡하고 살아있는 동안에 무례하고 뻔뻔스러운 자식의 요구를 거절하지 아니하고 자신의 재산을 두 아들에게 각각 나누어 주었습니다. 그 아버지는 강력한 사회적인 관례에 전혀 매이지 아니하고, 아들에게 과감하게 자신의 소유를 나누어 주었습니다. 이 아버지는 자식에게 엄청난 기회를 한번 주어 보겠다고 작정을 했던 것입니다. 한국의 어떤 가정에서는 자식들이 애를 먹이고 아버지 돈도 어떻게든 훔쳐 갑니다. 잠언에 보면 부모의 돈을 훔치고도 죄가 아니라고 하는 사람을 책망한 말씀이 있습니다. 아버지가 좋은 금고를 사서 돈을 보관하면 그 자식들은 좋은 드릴을 싸가지고 와서 금고를 뚫어 돈을 훔쳐가곤 했습니다. 자, 이렇게 될 바에는 탕자의 아버지는 그냥 자식들에게 재산을 나누어 주어 정당하게 기회를 줘보자 그렇게 판단한 것입니다.

(2) 집을 나가 먼나라로 가는 탕자

그러나 아버지가 돌아가시기도 전에 엄청난 재산을 물려받은 탕자는 집에 가만히 머물러 있으려 하지를 않았습니다. 그가 아버지에게 무례한 요구를 하기 전에 이미 그의 마음 가운데는 집과 고향을 떠나서 먼 곳에 가서 아는 이들의 눈치 보지 않고 자유를 구가하고 마음껏 살고 싶은 욕망이 불붙어 있었던 것입니다. 사실 가출을 하든 안 하든 자녀들의 마음에는 부모님의 통제와 잔소리를 벗어나고 싶은 마음들이 있습니다. 아무리 사랑의 말씀이라고 해도 듣기가 싫은 것입니다. 오히려 무조건 자신을 긍정해 주는 또래 집단이 더 좋습니다. 단지 용기가 없거나 아니면 경제적인 독립을 하지 못하기 때문에 가출을 하지 않는 경우들이 많을 것입니다. 그래서 기회만 주어진다면 나는 독립해서 내 마음대로 살아보겠다는 생각들을 하곤 합니다. 탕자의 경우도 마찬가지입니다. 비유의 내용을 깊이 묵상해 보면 탕자의 아버지는 더할 나위 없이 멋진 아버지였지만 탕자는 그런 아버지 곁에 있는 것을 굉장히 싫어했습니다. 그는 먼 나라로 가서 제 마음대로 인생을 살아보고 싶어합니다. 당시 팔레스타인 땅에는 불과 50만 남짓

한 유대인들이 살고 있었지만, 로마 제국의 주요 도시들에는 400만 이상을 헤아리는 유대인들이 게토를 형성하여 살고 있었습니다. 탕자는 그와 같은 대도시에 가서 문화적 혜택을 누리고 청운의 꿈을 마음껏 펼치면서 자유롭게 살고 싶었던 것입니다.

그러나 유대인의 관습으로는 재산의 소유권을 물려 받았다고 할지라도, 아직 아버지가 살아 계시는 한 재산을 처분할 수 있는 권한이나 땅에서 나는 소출들에서 이익을 얻어 사용할 수 있는 수익권은 아버지에게 속한 권한이었습니다.[25] 그런데 탕자는 어떻게 하였습니까? 그는 물려받은 재산을 수일 안에 급작스럽게 처분하여 현금으로 만들었습니다. 13절에 보시면 "그 후 며칠이 안 되어 둘째 아들이 재물을 다 모아 가지고"라고 하는 구절이 바로 그런 의미입니다. 재물을 다 모으다고 할 때 동사 '다모으다'synagein는 플루타르크의 글에 의하면 '가진 동산을 현금화하다'converting everything into cash는 의미를 가지고 있습니다.[26] 중동의 관습으로 하자면 부모 생전에 유산 분배를 요구하는 것도 대단히 무례한 요구이지만, 아버지의 처분권이나 수익권을 무시하고 자기 마음대로 처분한 것은 그야말로 부모와 관계 단절을 의미하고, 심지어는 부모가 죽은 것처럼 행동하는 것입니다. 탕자는 정말 맛이 갈 데로 간 상태였음을 보여주는 대목입니다. 탕자는 그리던 먼 나라로 이주하여 버렸습니다. 이와 같이 아버지의 모든 권한을 철저하게 무시하고 짓밟는데도 불구하고 비유 속에 등장하는 아버지는 일언반구의 제지의 말을 하지 아니하며 수수방관하였습니다. 이것은 당시대의 아버지 상으로서는 이해할 수 없는 아버지의 모습입니다. 사실은 당시 마을 사람들이 이런 가정사를 듣게 되었다면 둘째 아들도 욕하겠지만, 그토록 방임하는 아버지도 비난의 대상이 될 수밖에 없었을 것입니다. 그러나 그렇게 기회를 주는 아버지의 마음에 대해서 혹자는 "심지어 사랑하는 자를 거부할 정도의 자유를 부여하는 사랑보다 더 극적인 사랑은 상상할 수 없을 것이다"라고 바르게 지적했습니다. 사랑하는 아버지의 사랑을 거절할 수 있는 자유까지 주는 사랑, 인간적으로는 이해하기 어려운 사랑입니다. 그래서 탕자의 아버지는 인간 세상에서 찾아보기 어렵습니다. 오직 하나님 한분 만이 이렇게 할 수 있습니다.

(3) 먼 나라로 간 탕자의 결국

그러면 먼 나라로 이주해 간 탕자의 삶은 어떻게 진행되었고 어떤 결말을 맞이하게 되었을까요? 그는 많은 재산을 가지고 갔기 때문에 어렵게 일해서 먹고 살아야 할 필요가 없었습니다. 그의 수중에는 엄청난 재산이 있었기 때문에 그 재산을 어떻게 효율적으로 불리거나 관리할 것인가에 대해서 조차도 관심을 기울이지 아니하였습니다. 그가 먼 나라에서 얼마동안이나 신나게 살았는지는 모르지만 13절 하반절에 보면 "허랑방탕하여 그 재산을 낭비하"기에 이르렀습니다. 허랑방탕하다는 표현을 30절에 있는 장남의 지적 "아버지의 살림을 창녀들과 함께 삼켜 버린 이 아들"이라는 표현과 쉽게 연관 지어서 주색잡기에 빠져서 풍류를 즐기다가 재산을 다 털어먹었다는 식으로들 생각합니다만, 허랑방탕하다는 표현은 반드시 그러한 주색잡기의 삶으로 허비하는 것을 포함하고 있는 단어는 아닙니다. 푀르스터는 존 아소토스*zon astos*라는 문구가 "단순히 무사안일하고 낭비벽이 심한 생활"로 설명된다고 설명합니다. "비싼, 나태한, 사치스러운, 그리고 낭비가 심한" 등으로 이해할 수 있습니다. 탕자가 어떠한 삶을 살았는지 구체적으로 알 수는 없지만 아무튼 그는 그의 재산을 잘 운용하지 못하고 헤프게 쓰다가 결국은 다 털어먹는 지경에 이르게 되었습니다. 그리고 큰 아들의 비난이 정확하게 맞는지 확인할 길은 없지만 돈 많은 젊은이가 외국 도시에 가서 허랑방탕하게 살다 보면 주색잡기에 연루되지 않았다고 말하기도 어려울 것입니다.[27] 그리고 안전하게 말한다고 해도 쉽게 얻은 재산은 쉽사리 날려 버릴 수 있다는 것은 만고불변의 경험적 진리입니다.

설상가상으로 탕자가 거주하고 있던 곳에 크게 흉년이 들었습니다. 가진 재산도 다 날려 버리고 빈털털이가 된 데다 큰 흉년까지 들게 되었으니 탕자의 형편은 더욱더 곤궁하고 비참하게 되었습니다(14절). 탕자는 이러한 상황에 처하였어도 집으로 돌아가야겠다는 생각은 가지지 않았습니다. 아버지가 돌아가신 것처럼 무례하게 관계를 끊고 나온 집에 쉽사리 돌아갈 엄두를 못내는 것이지요. 오히려 그는 스스로 먹고 살길을 찾게 되었습니다. 하지만 일 한번 제대로 하지 않은 낯선 땅에서 직업을 구하자니 자국민들도 먹고 살길이 막막한 흉년의 때에 제대로 된 일자리를 얻을 수가 없었습니다. 우리나라를 이구백의 나라, 이십 대 90%가 백수인 나라라고 하는데, 아마도 그 시절에 탕자 같은 외국인이 이방 땅에서 직장을 구한다는 것은 결코 쉽지 않았을 것입니다. 그런데 불행 중 다행인지 어떤 본토인이 그를 고용하여 들에서 돼지치는 일을 시켰습니다(15절). 하지만 유대인으로서 돼지치기 swineherd가 되었다는 것은 조금도 자랑스러운 일이 아니었습니다. 레위기 11장 7절에 보면 유대인들은 돼지고기를 부정한 짐승으로 여기고 먹지를 않을뿐더러 사육하지도 않았습니다. 유대문헌에 보면 "돼지를 치는 자에게는 저주가 있으라"는 문구가 있을 정도로 유대인들은 돼지라는 짐승을 좋아하지 않았습니다.[28] "메시아가 오시면 귀신들의 거처인 돼지들은 자신을 숨겨야 하고, 돼지치기들은 자기들의 안전을 위해 두려워해야 한다"는 구절도 있습니다. 그런 돼지치기를 하게 된 탕자의 형편에 대해서 예레미아스는 심지어 다음과 같이 말합니다. "그는 불결한 동물들과 상대해야 하고 안식일을 거룩하게 지킬 수도 없다. 즉 그는 가장 미천해지고 실제로 그의 종교를 계속 부정할 수밖에 없다."[29] 당시의 통념이 이러한데도 불구하고 본문의 탕자가 먹고 살길이 없어서 돼지 치는 일을 하게 되었다는 것은 유대인으로서 미천해지고 유대신앙과는 거리가 점점 멀어지게 된 것을 의미하는 것입니다. 요즘 말로 하면 집을 나가서 가진 재산을 다 탕진하고 오갈 데가 없어 술집에 취업하여 호스트가 되거나 호스티스가 되는 것에 비할 것입니다.

그러나 더욱더 비참한 것은 탕자가 돼지치기를 한다고 해도 생계를 유지할 만한 돈을 벌 수 없었을뿐더러, 끼니 연명조차 힘들어서 돼지가 먹는 쥐엄 열매라도 배불리 먹으려고 했으나 그것마저도 마음껏 먹을 수가 없는 형편이 되었다는 것입니다.[30] 미국에 유학 간 한국 학생들 가운데는 음식을 해

먹을 돈이 없어서 개 사료를 사서 먹는 사람도 있다는 이야기를 들었습니다. 위생적으로 깨끗하냐 안 깨끗하냐를 떠나서 인간의 자존심과 존엄성이 완전히 뭉개지는 것을 느끼게 됩니다. 아버지의 집을 떠난 탕자의 궁극적인 상태가 바로 그러하였습니다. 스스로는 목숨을 연명해 나갈 길조차도 없으며, 돼지만도 못한 취급을 받는 인간말짜의 형편에 처하게 되었습니다. 낮아지려야 더는 낮아질 자리도 없을 정도로 그는 비천하고 곤궁한 지경에 이르게 되었습니다.

귀향하는 탕자(17-20절상)

형편이 이 지경에 이르게 되니 탕자는 살길이 막막하였습니다. 도무지 미래의 그림이 그려지지가 않았습니다. 단지 그에게 남은 실낱같은 희망이 있다면 고향의 집과 아버지 밖에는 없었습니다. 17절입니다. "이에 스스로 돌이켜 이르되 내 아버지에게는 양식이 풍족한 품꾼이 얼마나 많은가 나는 여기서 주려 죽는구나." 탕자는 비참하고 곤궁한 중에 풍성한 양식이 있는 아버지의 집을 떠올렸고, 그 아버지의 집에는 품꾼이라 해도 양식은 풍성히 먹는다는 사실을 상기하였습니다.³¹ 그런데 탕자는 이제 자신이 아들이라는 신분을 내세울 자격이 없다는 사실을 뼈저리게 느끼고 있음을 알고 있습니다. 벼룩도 낯짝이 있지. 그와 같이 불효막심한 짓을 저지르고 감히 아버지를 아버지라 부를 용기, 자신을 아들이라고 내세울 용기를 그는 가질 수 없었습니다. 그래서 그는 아들로서 아버지의 집을 생각한다기보다는 끼니 걱정 없이 살고 있을 품꾼을 부러워하고 있는 것입니다. 그리하여 탕자는 아버지의 집으로 돌아가기로 결심합니다. 그는 아버지의 용서와 용납 같은 것은 아예 생각지도 못하고 기대하지도 못하였습니다. 오로지 그가 바라는 것은 아버지의 집에 있는 허다한 품꾼 중의 한 사람이 되어서 맡기는 일을 하고 밥이라도 실컷 먹고 살아야겠다는 것이 그의 소원의 전부였습니다. 그래서 그는 아버지께 돌아가면 틀림없이 문전박대하고 내어 좇을 아버지의 분노를 가라앉히고 그 마음을 설득하여서 품꾼으로라도 집에 머물 수 있도록 해달라고 간곡히 요청하리라고 마음을 먹었습니다. 그래서 그는 속으로 아버지에게 어떠한 말로 말씀드릴지를 정리하고, 마음으로 재삼재사 되새겼습니다. 18-19절입니다. "내가 일어나 아버지께 가서 이르기를 '아버지 내가 하늘과 아버지께 죄를 지었사오니, 지금부터는 아버지의 아들이라 일컬음을 감당하지 못하겠나이다. 나를 품꾼의 하나로 보소서'하리라."

그러고 나서 그는 일어나서 아버지께로 돌아가는 무거운 발걸음을 옮기기 시작하였습니다. 흔히들 이와 같은 탕자의 귀향을 일컬어서 탕자가 자기의 죄를 회개하고 돌아온 것이라고 해석들을 합니다. 예컨대 17절에 "이에 스스로 돌이켜"when he came to his senses라고 하는 구절을 그는 자신에게 돌아왔다, 그는 후회했다, 그는 참회했다 등으로 이해합니다.[32] 그리고 스스로 선택했던 죄악 된 삶의 자리를 박차고 일어나 아버지의 집으로 돌아온다는 것이 회개의 징표가 아니냐고 설명합니다. 그가 집에 돌아왔기 때문에 다시금 자녀의 권리를 회복하게 되지 않았느냐, 우리 회개합시다 하고 이 대목을 강조할 수 있다는 것입니다.

그러나 우리가 주의해서 본문을 읽어보면 집에 돌아오기까지 탕자는 진정으로 회개하지 않았다는 것을 알게 됩니다. 탕자는 지금 재산탕진과 기근으로 인하여 당하게 된 비참한 자신의 상태를 벗어나기 위해서 아버지 집에 품꾼 생활이라도 할려고 돌아가는 것입니다. 그는 자신 때문에 상처 입은 아버지의 사랑에 대해서는 조금도 뉘우치는 마음이 없습니다. 중요한 것은 어떻게 해서든지 간에 아버지의 화를 누그러뜨리고 자신의 죽을 목숨을 살려 연명하는 것이었습니다.

그래서 그가 준비한 말은 아버지의 마음을 부드럽게 해서 취직이라도 하기 위해서 준비한 계획된 대사에 불과한 것입니다.[33] 그는 아버지가 자신에 대하여 어떠한 사랑을 가지고 있는지를 도무지 알지를 못하였습니다. 그는 아버지와 부자 관계 회복이 가능할 것이라고 상상조차 할 수 없었던 것입니다. 완전히 망가진 상태임을 보여줍니다. 그는 단지 굶어 죽지 아니하기 위하여 집으로 돌아가는 것이고, 부자간의 관계 회복이라는 것은 상상도 할 수 없고, 그저 흔한 품꾼 중의 하나로 쳐주면 다행이겠다 싶은 마음으로 돌아가는 것입니다. 그럼에도 불구하고 이 탕자의 귀향은 복된 것입니다. 그것은 그러한 자식을 맞아들이는 아버지가 계시기 때문입니다.

기다리시는 아버지(20절하-24절)

집으로 돌아온 탕자와 아버지의 재상봉장면을 그려놓은 유명한 그림이 하나 있습니다. 17세기 네덜란드의 유명한 화가 렘브란트가 그려 놓은 이 그림은 현재 러시아의 도시 세인트 페테스부르크에 있는 에르미타쥬 궁전에 소장되어 있습니다.[34] 저는 그 그림의 사본을 하나 가지고 있는데, 그 그림을 들여다보면 집으로 돌아온 탕자는 누더기를 걸치고 있으며, 신발은 다 해어져서 맨발이 드러나 보이는 처참한 꼴을 하고 있습니다. 이와 같이 거지꼴을 하고서 돌아오는 탕자를 아버지는 도대체 어떻게 맞이하였습니까? 우리는 결론을 너무나 잘 알고 있기 때문에 사실은 이 비유를 깊이 생각하기 어렵고 더욱이 깊은 감동을 받기가 어려운 것 같습니다. 서울의 유명한 대형교회에서 목회를 하고 계시는 어떤 목사님이 이 비유를 설교하기 전에 사모님께 물어보았다고 합니다. "만약에 비유 속에 나오는 탕자처럼 우리 집 아들이 큰돈을 훔쳐 가지고 집을 나간 후 나중에 거지꼴을 하고서 나타난다면, 머리는 요상하게 물들이고, 눈은 마약 기운이 덜 깬듯한 눈을 하고서 돌아온다면 어떻게 반응할 것이냐고요?"

사랑하는 여러분! 쓸데없는 말씀인지 모르겠지만, 여러분이 비유 속에 나오는 아버지의 역을 맡았다면 탕자를 어떻게 맞았겠습니까? 당시의 유대사회에는 탕자와 같이 아버지와 가문 그리고 동네에 수치를 입히고, 재산을 탕진하다가 돌아오는 자의 경우에는 동네 사람들이 그냥 두지 않았다고 합니다. 화가 난 동네 사람들은 질그릇 항아리에 태운 콩과 태운 옥수수를 가득 채워 가지고 와서는 그 불한당 같은 사람 앞에서 깨뜨려 버리면서 이구동성으로 "누구누구는 그 백성으로

부터 끊어졌다"고 외치는 케차차*qetsatsah*라는 의식을 거행했다고 합니다. 그러고 나서 그 사람은 동네에서 완전히 추방당할 수밖에 없었다는 것입니다. 탕자가 집으로 돌아오다가 동네 사람들의 눈에 뜨이게 되면 당하게 될 봉변이 바로 그러한 케차차 의식이었습니다.[35]

오늘 본문 20절 하반절에 보시면 아버지가 탕자에게 보이는 처음 반응을 기록하고 있습니다. "아직도 거리가 먼데 아버지가 그를 보고 측은히 여겨 달려가 목을 안고 입을 맞추니." 우선 아직 거리가 멀리 떨어져 있는데도, 또한 거지 행색을 하고 탕자가 걸어오고 있는데도 불구하고 아버지는 저를 알아보았다고 하는 점을 주목하십시다. 아버지가 알아보았다는 표현이 무엇을 의미합니까? 단지 시력이 좋아서 아들을 알아보았다는 것입니까? 아닙니다. 오히려 아버지는 매일매일을 집 밖에 나와서 동네 입구까지 내다보고 있었습니다. 아버지는 자식이 아무리 많은 재산을 가지고 떠났다고 할지라도 결국은 실패하고 돌아올 것이라는 것을 알고 있었던 것입니다. 평소 그가 하던 소행으로 보아서 반드시 재산을 다 털어먹고 돌아올 것이라는 것을 아버지는 알고 있었던 것입니다. 안에서 새는 바가지 밖에 나가면 안 새나 하는 것입니다. 그래서 탕자가 집도 아버지도 잊어버리고 신나게 허랑방탕하게 사는 동안에도 아버지는 집 밖에 나와서 서성이면서 집 나간 자식을 기다리고 있었던 것입니다. 동네 사람들의 눈에 뜨이기 전에 먼저 그 아들을 맞아들여야만 사랑하는 자식이 봉변을 면하게 될 것이기 때문에 그는 눈이 빠져라 길을 내다보고 있곤 했을 것입니다.

남들이 보면 웬 걸인인가 하고 말 정도로 변화된 모습으로 돌아왔을 탕자였지만, 아버지의 가슴은 단번에 그가 집 나간 자식이라는 것을 알아보았습니다. 아버지는 가슴에 복받쳐 오는 긍휼의 마음을 가눌 길이 없었습니다. 저를 보고 측은히 여겨 아버지는 당시의 사회적인 관습을 완전히 깨뜨리고 탕자에게로 달려갔습니다. 사회적 관습을 깨뜨렸다는 것은 중동지역의 남자 어른들은 뛰어다니지 않는다는 것을 말합니다.

> 중동 지역에서 길고 헐렁한 겉옷을 입고 사는 귀족들은 달리는 행위를 상스럽게 보았다. 벤 시라는 '옷차림과 웃는 모습, 그리고 걸음걸이는 그의 인품을 나타낸다'고 했다(집회서 19:30). 아리스토텔레스는 '대인은 결코 공적인 장소에서 뛰지 않는다."고 했다(Gnomon I, 474). 당시 문화에서 긴 옷을 입고 뛰는 행위는 발목을 노출하는 수치스러운 일이기도 하지만 이는 또한 자기를 자제하지 못하는 행위로도 보았다. 그러나 아버지는 이를 개

의치 않았다.[36]

옛적 우리나라의 선비들도 뛰어다니지를 아니하였습니다. 그렇게 하면 양반 체신을 손상케 한다고 해서, 비가 와도 쫄딱 다 맞고 다녔던 것을 기억하실 것입니다. 실제로 미국의 어떤 교회에서는 목사님이 부임하시던 날에 해고를 당하였습니다. 양복을 입은 어른이 뛰어다녔다는 이유만으로도…[37] 우리나라의 도포 자락과 비슷한 긴 옷을 입은 탕자의 아버지가 거지를 향해서 달려가고 있는 모습을 한번 연상해 보십시오. 그에게는 사회적인 관습이나 체면이 조금도 문제될 것이 없었습니다. 오히려 자기 자신의 긍휼히 여기는 마음에서 그는 자신을 비우고 종의 형체를 입어 소원하게 된 자기 아들과의 관계를 회복하려 달려나갔습니다. 이 비유를 복음 중의 복음이라고 흔히 불러왔는데, 그렇다면 십자가의 대속이 어디에 있느냐고 묻는 이들이 있습니다. 이에 대해서 아들을 긍휼히 여겨서 사회적 관습을 깨트리고 수치를 무릅쓰고 달려가는 아버지의 달음질에서 찾습니다. 베일리는 이 점을 잘 강조했습니다.

이 비유에서 우리는 자기 집의 안락함과 안정함을 떠나서, 그

> 마을의 길가에서 수치스러운 모습 속에 자신을 노출시키는 아버지를 보게 된다. 아버지가 내려와서 이 소년에게 가는 것은 성육신을 암시한다. 마을 길가에서의 그 수치스러운 광경은 십자가의 의미를 암시한다.[38]

주변의 시선도 아랑곳하지 아니하고 달려간 탕자의 아버지는 탕자의 목을 안고 입을 맞추었습니다. 그가 탕자에게 입을 맞추었다는 것은 무조건적인 용서를 선포하는 행위였습니다. 전통적인 동양의 가장이라면 집안에 근엄하게 따로 앉아서 탕자가 무슨 변명을 하려고 하는지를 듣고자 하였을 것입니다. 자식이 돌아왔다고 사회적 수치를 무릅쓰고서 달려나가 키스 세례를 베푸는 것은 상상을 초월한 행동이었습니다. 이것은 동네 사람들이 보기에 크게 위신이 상하는 일이었습니다. 자식이 저지른 모든 잘못을 함께 뒤집어쓰는 행위인 것입니다. 탕자의 아버지는 죄를 지었다고 말하는 탕자의 입을 가리며 아무 말도 더 이상 못하게 하였습니다. 중요한 것은 잃어버린 아들을 되찾았으며, 죽은 아들이 되살아났다는 것이라는 것입니다. 그저 품꾼의 하나로 연명책을 줄 것을 기대하고 돌아온 탕자에게 주어진 아버지의 반응은 너무나도 뜻밖의 것이었습니다. 아버지는 종들에게 명하여 제일 좋은 옷을 내다 입히며, 손에는 자신의 자녀임을 상징하는 금가락지를 끼우며, 헐벗은 발에는 새 신을 가져다 신길 것을 명령하였습니다. 이는 완전한 자녀의 신분과 권세로의 회복, 그리고 마치 과거에 장원급제하고 금의환향하는 자식을 맞는 듯이 살진 송아지를 잡아서 잔치를 배설하도록 조처하였습니다. 살진 송아지는 지금도 최상의 요리 중 하나입니다.[39] 당시에도 동네잔치할 일이 있어야 비로소 살진 송아지를 잡을 정도였습니다.

탕자의 아버지는 탕자가 다시금 집으로 돌아왔으며, 자신이 그 아들을 잃었다가 다시금 찾았으며, 죽었다가 다시 살아난 아들이기 때문에 마땅히 잔치를 하고 함께 먹고 즐겨야 한다고 하였습니다. 이런 아버지의 표현에는 집을 나가서 죽었는 줄 알았다가 다시 돌아오므로 살아났다는 의미도 있지만, 도덕적으로 영적으로 방탕하고 아버지의 마음도 몰랐던 자식이 이제 변화되어서 새사람이 되었다고 하는 이중적인 의미가 있다고 피츠마이어는 해석했습니다.[40] 그러나 탕자를 아들로 다시금 회복시킨 것은 큰 희생을 무릅쓰고 아버지가 취한 일련의 행동들 때문이었습니다. 남들 같으면야 그렇게 하지 않았겠지만, 탕자의 아버지는 자신의 마음을 상처 입게 하고, 자신의 모든 재산을 탕진하고 돌아오는 그 자식을 측은히 여기며 불쌍히 여겨서 다시금 자녀의 권리를 회복시켜 줄 수밖에 없었던 것입니다. 결국 이 비유의 핵심은 탕자가 돌아왔다는 데에 있지 않습니다. 오히려 아버지의 무한한 자비와 사랑에 그 강조점이 놓여 있습니다. 예레미아스의 지적대로 이 비유는 "자비롭고 은혜로우며 긍휼로 가득 차고 사랑으로 넘치는" 아버지에 대한 비유인 것입니다.[41] 결국 그 아버지는 하나님 아버지를 가리킵니다. 이 비유가 말하는 대로 그대로 할 수 있는 부모는 거의 없습니다. 하나님 아버지 외에는 이렇게 하실 수가 없습니다.

사실 예수님이 이 비유의 말씀을 통해서 우리에게 가르쳐 주고자 하는 진리가 무엇입니까? 우리는 누가복음 15장 1, 2절을 염두에 두고 이 비유의 말씀을 읽어야만 합니다. 예수님이 당시의 유대인들이 죄인이나 비인간으로 취급하고 멀리했던 세리, 창기와 같은 죄인들과 더불어서 교제하고 식사하는 것을 못마땅하게 생각하는 바리새인 같은 이들에게 이 비유의 말씀을 하시었습니다. 자신의 행위는 바로 하나님의 마음, 하나님의 기뻐하시는 것이 무엇인지를 데모하는 것이라는 것입니다. 하나님은 집 나간 탕자들에게 "생명과 건강과 마음과 몸의 기능과 지상적 재화와 수많은 이익을 주신다. 이 모든 축복들 가운데서 어떤 것은 이 죄인에게 하늘에 계신 아버지와 그 아버지의 집을 강하게 상기시킨다. '하나님의 인자하심이 너를 인도하여 회개케 하심을 알지 못하는가?'(롬 2:4; 행 14:17).[42] 집나간 탕자와 같은 죄인들을 찾아다니면서 하나님 나라로 돌아오게 하고, 그들이 돌아올 때에 하나님은 크게 기뻐하시며 천사들과 더불어서 잔치하신다는 것입니다. 하나님은 어떠한 죄인이든지 맞아들이시고 하나님의 자녀의 영광을 회복시켜 주는 자비의 하나님이시라는 것입니다. 예수님은 왜 세리나 창녀들을 박대하지 아니하시고 그들을 환영하시며 그들에게도 생명의 말씀을 증거해 주시며 하나님 나라 백성 삼으시는가? 바로 하나님 아버지가 그런 분이시기 때문이라는 것입니다.

누구든지 기회를 주시고 누구든지 돌아오기만 하면 용서하시고 하나님의 자녀 됨의 신분을 주시는 하나님 아버지만이 이 비유가 가리키는 유일한 아버지이십니다. 고재봉도, 지존파도, 그리고 어떤 종류의 죄인이든지 간에 회개하는 탕자를 용서하십니다. 그런 하나님이시기에 저와 여러분에게도 기회를 주시는 것입니다. 스스로가 양아치 같다고 느끼는 사람이 있다고 하면 이 선하신 하나님 아버지께로 달려오기를 바랍니다. 혹은 지금은 어필이 되지 않더라도 후일에 탕자처럼 인생의 헛된 방랑을 해보시고 나서 어디로 가야 하나 하는 생각이 드시거든 예수님이 소개하시는 이 하나님 아버지께로 돌아오시기를 바랍니다. 탕자가 절망적인 불행의 늪에서 아버지와 아버지의 집을 생각했기에 다시 돌아왔던 것처럼 여러분의 청소년기 의식 속에도 예수님이 전하는 하나님 아버지가 어떤 분인지에 대한 기억이 남기를 바랍니다. 아니, 이 저녁에 여러분이 그런 하나님의 품에 안기기를 바랍니다. "오! 주님, 나 이제 돌아옵니다. 날 받아 주시옵소서"라고 부르짖으시기를 바랍니다.

2. 집안에서 길을 잃은 탕자

맏아들은 밭에 있다가 돌아와 집에 가까이 왔을 때에 풍악과 춤추는 소리를 듣고 한 종을 불러 이 무슨 일인가 물은대 대답하되 당신의 동생이 돌아왔으매 당신의 아버지가 건강한 그를 다시 맞아들이게 됨으로 인하여 살진 송아지를 잡았나이다 하니 그가 노하여 들어가고자 하지 아니하거늘 아버지가 나와서 권한대 아버지께 대답하여 이르되 내가 여러 해 아버지를 섬겨 명을 어김이 없거늘 내게는 염소 새끼라도 주어 나와 내 벗으로 즐기게 하신 일이 없더니 아버지의 살림을 창녀들과 함께 삼켜 버린 이 아들이 돌아오매 이를 위하여 살진 송아지를 잡으셨나이다 아버지가 이르되 얘 너는 항상 나와 함께 있으니 내 것이 다 네 것이로되 이 네 동생은 죽었다가 살아났으며 내가 잃었다가 얻었기로 우리가 즐거워하고 기뻐하는 것이 마땅하다 하니라(눅 11:25-32).

수년 전 국민의 치를 떨게 만들었던 연쇄살인의 주인공 지존파를 기억하실 것입니다. 그들의 범죄 내용들은 듣는 이로

하여금 경악하게 만들었고, 옛 방식으로 하면 능지처참해도 마땅하다는 생각들을 하게 했습니다. 아마도 모든 사람들이 그렇게 반응했다면 그들은 회개하지 않고 변화되지 않은채 영원한 죄인으로 이 세상을 하직했을지 모릅니다. 그러나 사랑의 교회에 소속된 성도님들이 그들을 찾아가서 열심히 전도해서 마침내 그들은 회개하고 예수님을 영접하고 이 세상을 하직했습니다. 비록 이 세상에서는 죽을 죄인으로 살다가 갔지만, 이전에 알지 못했던 하나님의 품으로 돌아간 것입니다. 이 세상에서는 극악한 곳까지 방황하고 떠내려갔지만 하나님의 은혜로 영원한 본향으로 돌아가는 일에는 성공을 했습니다. 이와 비슷한 사건이 미국에서도 일어난 적이 있습니다. 제프리 다머라고 하는 사람은 17명의 청년을 욕보이고 죽여서 심지어 토막 내어서 냉장고에 넣어두고 먹기도 한 극악한 사람이었습니다. 그러나 그도 감옥 생활 중에 복음 전도를 받고서 회개하고 죽었습니다. 그는 동료에게 맞아서 죽었는데, 그의 사망 소식은 미국 전역에 텔레비전으로 알려졌습니다. 그의 옥중 회개와 세례 받는 모습도 방송되었는데, 그 장면을 보고서 많은 신자들은 있을 수 없는 일이라고 거짓된 회개라고 불편한 마음을 토로했습니다.

  우리가 살펴보고 있는 누가복음 15장 11-32절에 기록된 비유를 전통적으로 "탕자의 비유", "잃어버린 아들의 비유"라고 부르는데, 오히려 비유의 내용을 주의 깊에 살펴보면 기다리시고 용납하시는 아버지에 초점이 맞추어져 있습니다. 그래서 독일의 유명한 신학자 헬무트 틸리케는 "기다리시는 아버지의 비유"라고 불렀습니다.[43] 혹은 아들에 초점을 맞춘다고 해도 "탕자의 비유"가 아니라 "탕자들의 비유"라고 해야 옳습니다. 왜냐하면 집을 나가고 아버지의 마음을 상하게 한 아들은 둘째 아들만 아니라 첫째 아들도 본질에 있어서는 동일하기 때문입니다. 그래서 저는 중고등부를 위해 설교할 때에 "집 나간 양아치와 집 안에서 길잃은 범생이"라고 제목을 붙여 본 적이 있습니다. 양아치는 거지의 옛말이고 아주 찌질한 사람을 말하지요. 범생이는 아마도 모범생을 희화한 표현일 것입니다. 15장 1, 2절에 보면 본 비유의 배경이 설명되어 있습니다. 땅 위에 계시는 동안 예수님은 사람을 가려서 만나시지 아니하시고, 누구나 그를 만나고자 하면 거절하는 법이 없었습니다. 유대인들이 가까이하지 않고 멀리했던 세리, 창기, 문둥병자, 사마리아인들도 예수님을 만나서 복음을 들었고 구원을 받았습니다. 예수님은 바리새인이 질색했을 세리나 창기 등과도 식사교제를 가지셨습니다. 이에 바리새인과 서기관들이 예수님을 원망하면서 죄인과 교제한다고 비난하게 됩니다. 그와 같은 비난에 대한 답변으로 주신 것이 잃어버린 한 마리의 양, 잃어버린 한 드라크마, 잃어버린 두 아들의 비유의 말씀인 것입니다.

비유 속에서 나오는 둘째 아들은 세리와 창기와 같이 방탕하게 살다가 예수를 믿게 된 자들을 가리키고, 첫째 아들은 바리새인이나 서기관들과 같이 하나님의 율법을 어릴 때부터 준수하면서 교회의 울타리 안에서 머물고 있는 모범생들을 가리킵니다. 그리고 탕자의 아버지는 예수 그리스도께서 계시해 주시는 하나님 아버지의 성품을 그대로 보여주고 있습니다.[44] 우리는 아버지의 품을 떠나 먼 나라에 가서 허랑방탕하게 살다가 빈털터리로 돌아온 탕자를 아버지가 조금도 꾸짖거나 책벌하지 않고 반가이 맞아들이며 살진 송아지를 잡아 동네잔치를 베풀어 주는 것을 살펴보았습니다. 이것은 잃어버린 영혼 하나가 회개하고 돌아오면 하나님께서도 동일하게 기뻐하시고 잔치를 베푸신다고 하는 것을 말해줍니다. 세상에서 실패하고 고칠 수 없을 정도로 망가진 사람들조차도 예수 그리스도를 믿고 다시금 하나님의 자녀들로 변하는 자들을 많이 보게 됩니다. 그들은 한결같이 죽었으며 잃었던 자였던 자신들을 하나님의 큰 은혜로 살려 주시고 찾아주셨다고 고백하는 것을 보게 됩니다.

큰 아들의 귀가길 (25-27절, 30절)

탕자의 귀향을 축하하는 잔치가 한창 무르익고 동네가 떠들썩하게 만들었을 때에 큰아들은 집으로 돌아왔습니다. 25절에 보면 "맏아들은 밭에 있다가 돌아와 집에 가까이 왔을 때에 풍악과 춤추는 소리를 듣고"라고 말씀합니다. 아버지는 잔치를 열면서 미처 큰아들에게 전갈을 보내는 것을 잊어버린 듯 합니다. 아들은 자신의 것이 될 것이지만 아직 아버지의 소유로 되어있는 밭에서 열심히 일하다가 집으로 돌아온 것입니다. 동생은 먼 나라에 가서 허랑방탕하게 살다가 돌아오지만, 첫째 아들은 아버지의 밭에서 열심히 일하다가 돌아오는 것입니다. 그런데 집 가까이 왔을 때에 자신의 집에서 풍악이 울려 퍼지고 사람들이 춤추는 소리를 듣게 됩니다. 작은 동네에서 아무런 예고도 없이 이런 잔치소리가 왜 들릴까 의아한데, 가까이 올수록 자신의 집에서 그런 소리가 들리니 더 놀랄 수밖에 없었습니다. 풍악이란 우리가 잘 아는 영어 심포니에 해당하는 헬라어 단어 쉼포니입니다. 이는 "서너 명의 연주자들이 그드르이 악기들을 화음 시킨다는 의미에서 오케스트라, 콘체르트 같은 의미"로 쓰이는 단어이고, 코로스 *choros*는 "몸짓으로 하는 합창적인 춤인데 손뼉을 치고 아마

발도 맞추며 청중을 위한 구경거리로서 뽑힌 연출가들에 의해서 행해진다. 이 축제는 참으로 화려하였다."[45] 그런데 중요한 것은 아침까지도 아버지는 아무런 말씀이 없었는데 우리 집에서 왜 이런 잔치가 벌어졌는가 하는 것입니다.

영문을 몰라 어리둥절한 아들은 한 종을 불러서 이 무슨 일인가 자세하게 물어보았습니다. 26절에 물은대라고 하는 단어는 거듭해서 자세히 물었다는 뜻입니다. 종이 전해주는 말을 통해서 큰아들은 유산을 챙겨서 먼나라로 갔던 동생이 돌아오되 모든 재산을 날려 버리고 알거지가 되어서 돌아왔다는 것과 그런 동생을 아버지는 아무런 벌도 주지 아니하고 도리어 반가이 맞아주며, 좋은 옷을 입혀주고, 반지를 끼워주고, 새 신을 신겨 주었을 뿐 아니라 살진 송아지를 잡아서 동네잔치를 열었다는 것을 알게 되었습니다.

큰아들의 분노(28-30절)

(1) 노하여 들어가고자 하지 아니하거늘

종의 이야기를 다 들은 큰아들의 반응은 무엇이었습니까? 오랫동안 소식이 끊어진 자기 동생이 무사히 살아서 돌아왔다는 소식을 듣고서 반가이 인사하기 위해서 재빨리 안으로 들어갔을까요? 아니지요. 28절에 보시면 "그가 노하여 들어가고자 하지 아니하거늘"이라고 말씀하지요. 큰아들은 분노했습니다. 여기서 말하는 분노는 순간적으로 파르르 하고 타오르다 마는 일시적인 분노를 말하는 것이 아닙니다. 아주 뿌리 깊고 강한 분노를 말합니다.[46] 화산이 폭발하는 것에 비할 수 있겠지요. 그러면 형은 왜 자기 동생이 건강하게 돌아왔다고 하는데 이처럼 걷잡을 수 없는 분노를 터트리는 것일까요? 피츠마이어는 그 아버지에게 이러한 큰아들이 분노하고 있다는 소식이 전해졌을 것이라고 말합니다.[47] 본문에 보시면 아무튼 아버지가 집 밖으로 나와서 큰아들을 권하는데도 집에 들어가기를 거부하기까지 했습니다.

도대체 큰아들로 하여금 그토록 화가 나게 만든 원인이 무엇인지 생각해 보도록 하십시다. 성경에는 창세기 4장에서 가인과 아벨 스토리를 통해서 브라더스 콤플렉스Brothers complex에 대해서 말합니다. 형과 동생의 관계는 복잡미묘한 관계입니다. 자매간도 마찬가지입니다. 다른 사람들을 대항해서는 똘똘 뭉치지만 자신들 간에는 경쟁심, 비교의식, 시기질투의 마음이 있습니다. 부모가 자식에 대해서는 절대로 질투하지를 않습니다. 자식이 나보다 낫다고 해도 전혀 기분 나쁘지 않습니다. 그러나 형제, 자매간에는 그렇지가 못합니다. 오죽하면 인류 역사 가운데 최초의 살인이 형제간에 일어났겠습니까? 특히 맏아들은 부모의 사랑을 많이 받고 자라고, 대접을 많이 받습니다. 가정의 질서상 우위에 있습니다. 그러다 보니 소위 장남에게는 '가인 콤플렉스'Cain complex라는 것이 있습니다. 부모의 사랑이 자신이 아니라 동생들에게 향하는 것을 참아내지 못하는 것입니다. 가정 내에서 자신이 최고로 대접받아야 한다고 하는 못된 마음이 형제, 자매들에 대해서 분노로 나타날 수 있습니다.

그런데 본문에 등장하는 큰아들은 동생에게 대해서 보다는 아버지의 처사에 대해서 분노하고 있다는 것을 우리는 주의해야 합니다. 아버지가 나아와서 함께 들어가자고 권하는데도 불구하고, 큰아들은 아버지의 집에 들어가려고 하지도 않았습니다. 아버지가 배설한 잔치 석상에 큰아들이 나아가지 않는다고 하는 것은 아버지의 명예를 더럽히는 불효막심한 일인데도 말입니다. 요즘에도 그렇습니다. 동생들의 결혼식이나 집안 잔치가 있다면 맏아들은 부모를 대신해서 많은 일을 해야 합니다. 잔치 중에 손님들을 잘 대접하고 인사치레하는 일들을 해야 합니다. 따라서 큰아들처럼 아버지가 베푼 잔치에 참여하지 않겠다고 하는 것은 어떤 이들이 해석하는 대로 하면 공중 석상에서 아버지의 뺨을 때리는 것과 같은 불효막심한 일이라고 할 수 있습니다. 큰아들은 이와 같이 아버지의 명예를 지켜 드리는 일에 관심이 없었습니다. 그는 아버지가 기뻐하고 즐거워하는 일에 동참하고 싶지를 않았습니다. 그는 생각하기에 이 집안이 아주 잘못된 방향으로 돌아가고 있다는 생각을 하게 되었습니다. 그에게는 도덕이고, 체면이고, 예의고, 아버지의 입장이고 뭐 아무것도 생각이 나지를 않았습니다. 오로지 잘못 처신하고 있는 아버지에 대한 분노를 터뜨리고 있는 것입니다.

(2) 자기의 의의 기준에서 화를 내는 아들

그렇다면 큰아들이 가지고 있는 기준에서 아버지의 행동은 어떤 점이 잘못된 것으로 여겨졌을까요? 그는 가부장적 사회에서 왜 그렇게 아버지에게 화를 내며 무례한 행동을 했던 것일까요? 그가 아버지에게 내뱉은 말들을 주의 깊게 관찰해 보면 우리는 큰아들의 속내를 잘 알 수가 있습니다. 29, 20절을 다시 보실까요?

> 아버지께 대답하여 이르되 내가 여러 해 아버지를 섬겨 명을 어김이 없거늘 내게는 염소 새끼라도 주어 나와 내 벗으로 즐기게

하신 일이 없더니 아버지의 살림을 창녀들과 함께 삼켜 버린 이 아들이 돌아오매 이를 위하여 살진 송아지를 잡으셨나이다.

큰아들이 화를 내는 것은 여러 해 동안 아버지를 위해서 땀 흘려 수고한 자신의 공을 제대로 알아주지 않는다는 것입니다. 수고하는 자신을 위해서는 친구들과 파티하라고 살진 송아지하고는 비교도 안 되는 그저 염소 새끼 한 마리도 준 적이 없는 아버지가 아버지의 재산을 창기와 탕진하고 돌아온 동생을 위해서는 뭐 잘했다고 살진 송아지까지 잡아주냐는 것입니다. 그와 같은 대접을 받고, 그와 같은 상을 받아야 할 사람이 있다면 도리어 자신일 터인데, 아버지의 명예를 먹칠하고 가문에 수치를 입힌 탕자가 돌아왔는데 웬 동네잔치까지 벌여주느냐는 것이었습니다.

바바라 브라운 테일러라는 여성신학자가 수년 전에 "다른 형제 말에도 일리가 있다"라는 글을 쓴 적이 있습니다.[48] 우리도 큰 아들의 입장에서 '뭔가 아버지가 잘못하고 있구먼, 내라도 화나겠어'하는 생각이 드시지 않습니까? 그럼에도 불구하고 큰아들도 아버지의 마음을 이해하지 못하고 아버지의 마음을 아프게 한 점에서는 또 하나의 탕자일 뿐이라는 점을 알아야 합니다. 소위 범생이 탕자라고 할 수 있습니다. 일단 우리가 12절을 다시 보시면 아버지가 재산을 나누어 준 것은 작은아들만 아니라 큰아들에게도 제 몫을 주었다고 하는 것을 기억하십시다. 당시의 사회적 관습상 아버지가 돌아가시기도 전에 재산을 상속해 달라고 하는 것은 "아버지 빨리 좀 돌아가세요"라는 말과 같았다고 했는데, 큰아들도 아버지가 재산을 나누어 준다고 그냥 받았다는 것은 그도 탐심에 의해서 움직이는 사람이었음을 잘 보여줍니다. 동생이 잘못된 요구를 한다고 하면 동생을 나무라고 아버지의 마음을 편하게 해 드렸어야 했습니다. 혹은 자신은 안 받겠다고 거부를 해야 했습니다. 그러나 그는 아무것도 하지 아니하고 준다고 사회적 관습에 반하여 넙죽 받아들였을 뿐입니다.

그리고 29절에 의하면 큰아들은 아버지의 집에 살며 아버지 곁에 있으면서도 아버지와의 인격적인 관계를 누리지 못하고 종처럼 살았다고 하는 데 문제가 있습니다. "아버지께 대답하여 이르되 내가 여러 해 아버지를 섬겨 명을 어김이 없거늘." 섬기다, 둘류에인이라는 말은 종이 주인을 섬기는 것과 같은 노예적인 굴종을 가리킵니다.[49] 전혀 인격적인 관계가 아니고 노예처럼 섬겼다고 고백합니다. 그리고 아버지의 명$entole$을 어김없이 다 지켰다고 하는 고백에도 그는 자유로운 자녀로서 산 것이 아니라 종으로서 살았다는 점을 보여줍니다.[50] 큰아들은 "순종과 효도는 짐이 되었고 섬김은 종살이로 변질"된 삶을 산 것입니다. 종처럼 섬기고 명을 어긴 적이 없다고 하는 큰아들의 고백 속에는 몇 년간 아버지 집에 있는 동안에 얼마나 마음에서부터 고역을 치르고 살았는지를 보여줍니다.

아울러 왜 자신에게는 친구들하고 함께 파티하면서 인생을 잠시 즐기라고 염소 새끼 한 마리ᵃ gaot도 안 주셨는가 하는 불평을 보면 그도 동생처럼 집을 떠나 자유분방하게 살고 싶다는 욕망이 있었음을 보여줍니다.[51] 자신은 수고를 다 했지만 아버지는 자신의 수고를 전혀 알아주지 않았다고 하는 비난이 이 불평 속에 담겨있습니다.

그러면서도 이 아들은 노예처럼 아무 군소리 안 하고 시키는 대로 다 행했다고 하는 것을 큰 공적으로 생각하고 있습니다. 그것을 소위 모범적인 삶이라고 생각한 것입니다. 그리고 그러한 자신의 삶에 대해서 칭찬이나 보상을 제대로 해주지 아니하고 오히려 탕자를 선대하는 모습을 보고서 화를 내고 있는 것입니다. 그의 분노는 아버지를 향하고 있습니다. 30절에 보면 먼 나라에 가서 재산을 탕진하고 돌아온 동생의 삶의 전모도 알지 못하면서 함부로 "아버지의 살림을 창녀들과 함께 삼켜 버린 이 아들"이라고 단죄했습니다. 그리고 그는 자기 동생을 동생이라고도 부르지 않았습니다. 오히려 이 아들 혹은 당신의 이 아들this son of yours이라는 조롱적인 표현을 사용했습니다. 잘난 당신의 아들이라고 했으니 나는 이런 집에 속하고 싶지 않다고 하는 불쾌함을 잘 드러낸 것입니다. 화가 머리끝까지 치민 큰아들은 도에 넘치는 말을 하는 것입니다. 이것이 바로 집 안에서 길을 잃은 범생이라고 부르는 이유인 것입니다. 그는 집 안에 있지만 전혀 집이 주는 자유와 안식을 누리지 못했습니다. 그리고 아버지와의 깊은 인격적인 관계로 나아가지를 못했습니다. 모든 것이 수고하여 공적을 쌓고 그에 걸맞은 상을 받는 것이 중요했습니다. 그리고 만약에 정당한 보상을 받지 못하면 분노를 폭발할 수밖에 없는 삶을 살고 있었던 것입니다. 그는 아버지 집에 있는 다른 종이나 품꾼과 다를 바 없는 질의 삶을 살았다는 말입니다.

로버트 스타인은 이와 같은 큰아들의 사고에 대해서 명석하게 잘 정리해 줍니다.

> 실로 맏아들은 의와 공의에 대한 높은 식견을 가지고 있었다. 그러나 그는 자비에 대해서는 거의 알지 못하였다. 그러기에 그는 마침내 그의 아버지가 은혜로우시고 자비로우신 분이시라는 사실조차도 인정하기를 꺼려했던 것이다(비교. 마 20:15).[52]

교회 가운데도 어릴 때부터 교회를 다녔거나 모범적인 생활을 하는 이들 가운데 이렇게 큰아들 같은 심정을 가지기가 쉽습니다. 앞서 이야기했던 지존파나 제프리 다머 같은 사람들이 은혜를 받고 구원을 받는다든지, 나보다 열심히 믿지 않는 사람들이 축복을 받는다든지 하면 견디지를 못하고 분노를 폭발하게 됩니다. 하나님의 처사가 그릇 되다고 항의를 하게 되는 것입니다. 그리고 그런 종류의 사람들은 내 형제라, 자매라 부르기를 거부하는 것입니다. 저런 인간들이 천국에 가면 나는 차라리 지옥에 가겠다든지, 아니면 천국도 드넓어서 서로 안 만나고 영원히 살 수 있지 않겠는가 하는 생각을 가지기도 합니다. 그러나 하나님의 마음에서 이탈하여 하나님의 마음을 아프게 하기는 집 나간 양아치나 집 안에서 길잃은 범생이나 다르지를 않습니다.

아버지의 반응(28절하, 31, 32절)

그렇다면 이와 같이 분노하면서 거칠고 무례한 말들을 퍼부어대는 불효막심한 큰아들에 대해서 아버지는 어떻게 반응했는지를 살펴보도록 하십시다. 이미 아버지가 베푼 잔치에 즐겨 참여하지 않는 것만으로도 큰아들은 결코 효자가 아니라는 사실, 충심으로 아버지를 사랑하고 따르는 마음의 효자가 아니라는 사실을 우리는 확인했습니다. 어느 시대나 이러한 자식이 있다면 대개의 아버지들은 진노하고, 강경하게 반응하는 것이 정상이라고 할 수 있습니다. 그러나 돌아온 탕자를 용납하고 잔치해준 아버지는 큰아들에 대해서도 동일한 모습, 동일한 사랑으로 대하시는 것을 볼 수 있습니다.

(1) 집밖으로 나가는 아버지

집으로 들어오기를 거부하는 자식을 아버지는 종을 보내서 데려오거나 아니면 큰 소리로 들어오라고 호령하지 않았습니다. 그는 직접 집 밖으로 나왔습니다.and his father came out. 가부장적인 사회에서는 찾아보기 어려울 뿐 아니라, 현대의 상황에서도 이런 반응은 쉽지가 않습니다. 자식의 무례한 분노에 대한 아버지의 정당한 분노가 격발될 가능성이 많습니다. 그러나 비유 속의 아버지는 집에 들어오기를 거부하는 큰아들을 맞이하기 위하여 집 밖으로 나가는 굴욕을 마다하지 않습니다. 아마도 분노하는 아들과 그 아들을 만나러 나가는 아버지에 대한 이야기를 들었을 잔치 손님들은 도대체 이 일이 어떻게 진행되어갈 것인가에 대해 관심을 가지게 되었을 것입니다.

(2) 권하는 아버지

집 밖으로 나온 아버지는 큰아들을 나무라거나 호통을 치지 않고 권했다고 했습니다. and began entreating him. 29절에 의하면 이제까지 큰아들은 아버지와 자신의 관계를 다정스럽고 친밀한 부자 관계로 보기보다는 명령하는 주인과 아무 말도 못 하고 순종하는 종의 관계로 생각하고 있었습니다. 명령이 무서워서 싫든 좋든 순종하고 살아왔다는 것입니다. 하지만 거역하고 불순종하고 있는 큰아들에게 아버지는 명령하지 않았습니다. 같이 들어가서 잔치에 참여하자고 권면했습니다. 아버지가 원하는 것은 어쩔 수 없어서 순종하는 노예적인 굴종이 아니라 마음으로부터 설복되어서 즐거이 순종하는 것이었기 때문입니다.

빌레몬서 8, 9절에 보면 바울은 빌레몬이라고 하는 성도에게 "이러므로 내가 그리스도 안에서 아주 담대하게 네게 마땅한 일로 명할 수도 있으나 도리어 사랑으로써 간구하노라"고 말하고 있습니다. 빌레몬이 바울에게 영적으로 빚진 것이 있기 때문에 그리고 바울은 사도이기 때문에 마땅한 일에 대해서 명령조로 말할 수 있지만, 그렇게 하지 아니하고 사랑으로써 간곡하게 부탁하고 있습니다. 이처럼 비유 속에 나오는 아버지도 큰 소리로 호령을 하거나 명령을 하지 아니하고, 아들의 곁에 서서 타이르면서 간곡하게 권면했습니다.

(3) 얘야(테크논) 너는 항상 나와 함께 있으니

31절에 보시면 아버지는 큰아들에게 "얘 너는 항상 나와 함께 있으니 내 것이 다 네 것이로되"라고 말했습니다. 화가 나면 집에서 아이들을 보고 뭐라고 그럽니까? 못난 놈, 불효막심한 놈, 이 놈의 소상 이러지 않습니까? 말 듣지 않는 자식, 화나게 하는 자식에게는 호칭부터가 거칠게 나오는 것이 보통입니다. 그러나 탕자의 아버지는 화가 나서 길길이 날뛰고 있는 큰아들을 보고 얘야, 테크논, my child라고 부르고 있습니다. 이것은 화가 난 목소리로 내지르는 호칭이 아닙니다. 다정스럽고 부드럽게 사랑을 듬뿍 담고서 부르는 호칭입니다.[53] 큰아들은 화가 나서 이 말 저 말 함부로 내뱉은 것을 보았습니다. 자기 동생을 자기 동생이라고도 부르지 않았습니다. 당신의 이 아들이라고- 도대체 저게 누구를 닮아서 저 모양이냐, 난 관계없다, 아버지 닮았겠지, 저런 자식을 환영해 주는 아버지라면 부자가 똑같다고- 무례하게 말하는 큰아들을 보고 아버지는 "얘야"라고 다정스럽게 부르고 있는 것입니다.

그리고 아버지는 무엇이라고 했습니까? "얘 너는 항상 나와 함께 있으니."you have always been with me or literally you are always with me. 아버지는 지금까지 큰아들이 아버지의 집에서 아버지의 사랑을 날마다 받으면서 살아왔지 않느냐고 상기시켰습니다. 그러나 작은아들은 아버지의 집을 떠나고 따뜻한 가정의 품을 떠나 여러해 동안 방황하고 고생하지 않았느냐는 것입니다. 탕자는 제 마음대로 살고 나서야 비로소 아버지의 집이 얼마나 좋은 곳이며, 아버지 곁에서 머무르는 것이 얼마나 행복한 일인가를 깨달았으며, 아버지 집에서 품꾼으로 지낸다고 해도 돌아가야 하겠다고 돌아온 것이 아닙니까? 그런데 큰아들은 여러 해 동안 아버지의 집에 머물러 살면서 아버지의 사랑을 독차지하고 살았으면서도 그 값어치를 전혀 몰랐다는 것입니다.

그럴 수밖에 없는 것은 앞서도 보았지만, 그가 그렇게 좋은 아버지의 집에 거하고 있었지만 그의 마음으로는 노예살이, 종살이를 하고 있었기 때문입니다. 29절에 의하면 그가 이제까지 일해 온 것은 마치 아버지에게 종노릇한 것이라고 표현했으며, 아버지의 말씀을 어길 수 없고, 항명할 수 없는 계명으로 여겨왔다는 것을 고백했습니다. 결국 큰아들은 아버지를 마음으로부터 사랑해서 집에 머무른 것이 아니었다는 것입니다. 그도 마음으로는 동생처럼 아버지 곁을 떠나서 친구들과 더불어서 잔치하면서 풍류를 즐기고 싶었던 것입니다. 그는 외형적으로는 집 안에 머물러 있으면서 아버지를 잘 섬기는 효성스러운 자식이었지만, 내면적으로는 작은아들과 다를 바 없는 탕자였던 것입니다. 하나는 용기 있게 집을 떠난 탕자이지만, 하나는 그저 집 안에 머물러 있는 탕자라는 차이가 있었을 뿐이었습니다.

(4) 내 것이 다 네 것이로되

이어서 아버지는 어쩌면 큰아들이 가장 오해했을 부분에 대해서 말해 줍니다. "내 것이 다 네 것이로되"all that is mine is yours는 말씀입니다. 돌아온 동생을 위해서 살진 송아지를 잡아 잔치를 했지만, 너의 재산을 축낸 것은 없다. 너는 너의 말과 같이 종이 아니고, 내가 가진 모든 재산을 상속할 상속자라는 사실은 변함이 없단다. 동생이 돌아왔다고 큰아들의 신분이 바뀌는 것도 아니고, 이미 큰아들에게 준 재산을 잘라서 동생에게 주는 것도 아니라는 것입니다. 아버지가 가지고 있는 권리에 따라 살진 송아지 한 마리 잡았을 뿐이지만, 장남의 재산이 어디로 가는 것이 아닙니다. 다만 오랫동안 소식이 끊긴 채 있다가 건강하게 돌아온 동생은 죽었다가 다시 살아났으며 내가 잃었다가 다시 얻었기로 즐거워하고 기뻐하는 것이다. 따라서 너도 나의 이 기쁨에 동참하는 것이 마땅하지 않느냐는 말로 비유는 끝이 나고 있습니다.

예수님의 비유 속에 등장하는 이 범생이가 과연 아버지의 말씀에 설득되어 집으로 들어가고 동생을 환영해 주고 함께 기뻐하며 잔치했을까 여부는 성경에 기록되어 있지를 않습니다. 예수님이 답을 하시지 아니하시고 열어놓으셨습니다. 그 대답은 예수님의 말씀을 들은 청중들 각자의 몫이기 때문입니다. 예수님의 말씀을 들은 청중들 각자가 어떻게 할 것인가를 결정해야만 하는 것입니다. 오늘 이 비유 속에 등장하는 아버지는 결국 하나님 아버지를 가리킵니다. 우리의 하나님이 어떤 분이신가에 대한 비유입니다. 우리가 기뻐해야 하는 하나님이 어떤 분이신지를 유감없이 보여줍니다. 이 시간 마지막으로 질문을 드립니다. 저와 여러분은 어떤 유형의 아들입니까? 둘째 아들형입니까, 아니면 첫째 아들처럼 범생이 스타일에 가깝습니까? 하나님의 사랑은 두 종류의 아들을 다 향하고 있습니다. 둘을 아낌없이 사랑하십니다. 너그러이 용서하시는 하나님입니다. 우리에게 기회를 주시고 우리의 마음이 진정으로 하나님께로 돌아오기를 바라십니다.

3부

아침상을 차려주시는

예수님

요한복음 21장

1. 와서 조반을 먹으라

그 후에 예수께서 디베랴 호수에서 또 제자들에게 자기를 나타내셨으니 나타내신 일은 이러하니라 시몬 베드로와 디두모라 하는 도마와 갈릴리 가나 사람 나다나엘과 세베대의 아들들과 또 다른 제자 둘이 함께 있더니 시몬 베드로가 나는 물고기 잡으러 가노라 하니 그들이 우리도 함께 가겠다 하고 나가서 배에 올랐으나 그 날 밤에 아무 것도 잡지 못하였더니 날이 새어갈 때에 예수께서 바닷가에 서셨으나 제자들이 예수이신 줄 알지 못하는지라 예수께서 이르시되 얘들아 너희에게 고기가 있느냐 대답하되 없나이다 이르시되 그물을 배 오른편에 던지라 그리하면 잡으리라 하시니 이에 던졌더니 물고기가 많아 그물을 들 수 없더라 예수께서 사랑하시는 그 제자가 베드로에게 이르되 주님이시라 하니 시몬 베드로가 벗고 있다가 주님이라 하는 말을 듣고 겉옷을 두른 후에 바다로 뛰어 내리더라 다른 제자들은 육지에서 거리가 불과 한 오십 칸쯤 되므로 작은 배를 타고 물고기 든 그물을 끌고 와서 육지에 올라보니 숯불이 있는데 그 위에 생선이 놓였고 떡도 있더라 예수께서 이르시되 지금 잡은 생선을 좀 가져오라 하시니 시몬 베드로가 올라가서 그물을 육지에 끌어 올리니 가득히 찬 큰 물고기가 백쉰세 마리라 이같이 많으나 그물이 찢어지지 아니하였더라 예수께서 이르시되 와서 조반을 먹으라 하시니 제자들이 주님이신 줄 아는 고로 당신이 누구냐 감히 묻는 자가 없더라 예수께서 가셔서 떡을 가져다가 그들에게 주시고 생선도 그와 같이 하시니라 이것은 예수께서 죽은 자 가운데서 살아나신 후에 세 번째로 제자들에게 나타나신 것이라(요 21:1-14).

여러분은 낚시를 좋아하십니까? 제가 아는 어떤 권사님은 돌아가신 남편분이 낚시를 얼마나 좋아하는지 도저히 안 되겠다 싶어서 남편을 따라다니면서 낚시를 배웠습니다. 후에 남편이 병으로 별세하시고 나서도 권사님 혼자 간간히 낚시를 하러 가신다는 소리를 들었습니다. 그렇게도 낚시라는 것이 매력이 있는가 봅니다. 제 아들이 어릴 때 피아노를 배운 적이 있는 선생님의 부친은 경북 북부 지방에서 목회를 하시는 분인데 이분이 낚시를 많이 좋아하셨습니다. 시골 목회이고 하니 시간적 여유가 많았겠지요. 그런데 문제는 하루는 낚시를 마치고 어둑어둑할 때 교회당으로 돌아오는데 장로님이 교회당 밖에서 서 계시더랍니다. 목사님이 그날이 수요일인 줄도 모르고 낚시 삼매경에 빠져 있었던 것입니다. 낚시 도구를 들고 지각한 목사님을 보고 장로님이 화가 나서 "목사님

가서 낚시나 더 하세요" 했다고 합니다.

오늘 우리가 같이 읽은 요한복음 21장에는 예수님의 일곱 제자들의 낚시 이야기가 나옵니다. 이 낚시 이야기는 비슬리-머리에 의하면 참 많은 토론과 논란의 주제가 되었습니다.[54] 14절에 의하면 "이것은 예수께서 죽은 자 가운데서 살아나신 후에 세 번째로 제자들에게 나타나신 것이라"는 말씀을 볼 때에 제자들은 이미 두 번 공식적으로 부활하신 주님을 만난 적이 있었습니다. 그런데 왜 그들이 갈릴리 바닷가에 가 있는 것일까요? 더욱이 왜 그들이 밤낚시를 하고 있느냐는 말입니다. 본문의 배경부터 차근차근 살펴보도록 하겠습니다.

제자들은 왜 갈릴리에 가게 되었는가?

먼저 1절을 다시 보겠습니다. "그 후에 예수께서 디베랴 호수에서 또 제자들에게 자기를 나타내셨으니 나타내신 일은 이러하니라." 그 후에라는 것은 20장에서 기록된 대로 예수님께서 부활하신 후에 제자들을 만나 주시고, 의심 많은 도마에게 확신을 주시고 난 후에라는 말입니다. 그리고 디베랴 호수란 갈릴리 바다를 가리킵니다. 누가복음 5장 1절에 의하면 게네사렛 호수라고 불리기도 하는 갈릴리 바다입니다. 예수님께서는 갈릴리 바닷가에서 자신을 나타내셨다는 말입니다. 1절은 21장 전체의 머리말과 같은 구절입니다.

2절과 3절을 보시면 이제 제자들이 갈릴리 바다에 가서 낚시질을 하게 되는 내용이 기록되어 있습니다. 일단 2절을 보십시다. "시몬 베드로와 디두모라 하는 도마와 갈릴리 가나 사람 나다나엘과 세베대의 아들들과 또 다른 제자 둘이 함께 있더니." 본문에 등장하는 제자들은 총 7명이라는 것을 알 수가 있습니다. 우선 베드로 다음에 디두모라 하는 도마가 강조된 것을 주목하셔야 합니다. 의심쟁이 도마는 주님이 확신 주신 후에는 베드로 버금가는 열정으로 움직이고 있다는 것을 알 수가 있습니다. 베드로, 도마, 나다나엘, 세베대의 아들들인 요한과 야고보, 이상 5명에 또 다른 제자 둘이라고 했는데, 아마도 동일한 갈릴리 출신인 빌립과 안드레가 아니겠느냐 그렇게 추정되어집니다. 이들을 이름하여 예수님의 제자들 가운데 갈릴리 7인방이라고 할 수가 있습니다. 본문의 흐름으로 보아 이들은 예루살렘을 떠나 갈릴리 바다에 이동해 있습니다. 이들이 태어났고 자랐고 고기잡이로 생업을 삼았던 그 고향 바닷가에 그들은 모인 것입니다.

이어지는 3절 상반절에 보면 7제자가 갈릴리 바다에 모였을 때에 역시나 주동한 인물은 바로 베드로이었다는 것을 알 수 있습니다. "시몬 베드로가 나는 물고기 잡으러 가노라 하니 그들이 우리도 함께 가겠다 하고." 베드로가 물고기 잡으러 가노라 하니 다른 6명도 우르르 따라나선 것입니다. 베드로는 항상 말과 행동이 주도적인 사람이었기 때문에 제자들에게 본이 되기도 하고 때로는 망신을 당하기도 했습니다. 이번에도 베드로가 먼저 낚시를 하러 가겠다고 앞섰고, 제자들이 그 영향을 받아서 우리도 가겠다 하고 우르르 몰려갔습니다. 우리가 앞서 이 제자들의 낚시질에 대해서 성경학자들이나 그리스도인들이 많은 논쟁을 했다고 말씀을 드렸습니다. 도대체 왜 제자들이 갈릴리 바다에 와 있는 것일까요? 적어도 3일 길을 걸어야 예루살렘에서 갈릴리 바다에 올 수가 있었습니다. 왜 이들이 바다에 찾아온 것일까요? 또한 왜 그들이 낚시질을 한 것일까요?

어떤 사람들은 이들의 행동이 잘못된 것이라고 책망을 합니다. 부활하신 주님을 만났지만 나타났다가 사라지곤 하시니 믿을 수 없고 이제 자기들의 생계거리를 다시 찾아 나섰다고 하는 것입니다. 그래서 예수님의 십자가와 부활 사건을 체험했지만 아직 성령의 충만함을 받지 못하니 제대로 된 복음의 사역자가 될 수 없지 않느냐고 해석하는 분들이 있습니다. 만약 자행자지해서 찾아온 고향 바다라고 하면 이렇게 해석해도 될 것입니다. 하지만 우리가 복음서를 주의해서 읽어보면 이들의 갈릴리 행은 부활의 아침에 무덤에서 만나게 된 천사를 통해서 들려주신 주님의 분부를 따른 것이라는 점을 알 수가 있습니다. 마태복음 28장 7절에 보시면 "또 빨리 가서 그의 제자들에게 이르되 그가 죽은 자 가운데서 살아나셨고 너희보다 먼저 갈릴리로 가시나니 거기서 너희가 뵈오리라 하라 보라 내가 너희에게 일렀느니라"고 하셨고, 마가복음 16장 7절에 보시면 "가서 그의 제자들과 베드로에게 이르기를 예수께서 너희보다 먼저 갈릴리로 가시나니 전에 너희에게 말씀하신 대로 너희가 거기서 뵈오리라 하라 하는지라"고 말씀하고 있습니다. 마가복음의 강조는 "그의 제자들과 베드로에게"라고 함으로써 베드로를 특히 강조하고 있다는 것을 알 수가 있습니다. 정리를 해 봅니다. 부활하신 주님께서는 제자들을 갈릴리 바다에서 다시 만나기를 원하셨고, 일곱 제자는 주님의 분부에 순종하여 고향 바다를 다시 찾은 것이라는 것을 알 수가 있습니다.

반복되는 체험

베드로를 비롯한 제자들이 예수님을 만나기 위해서 갈릴리 바다로 오기는 했지만 언제 어느 장소에서 만날지는 약속이 안 되었던 것 같습니다. 어차피 부활하신 주님이시니 제자들이 어디에 있든지 간에 찾아오시는 데는 아무런 어려움도 없을 것이라는 것은 제자들도 잘 인식하고 있었을 것입니다. 주님을 기다리다가 밤이 되었습니다. 그냥 막연히 기다리고 있던 제자들은 심심했는지 모릅니다. 아니면 바다를 보고 있노라니 과거 고기 잡던 시절이 생각났는지도 모릅니다. 특히 베드로는 며칠 전에 주님을 세 번이나 부인하는 배신의 죄를 저질렀기 때문에, 스스로는 회복이 불가능한 나둥그러진 양과 같이 되어 있는 상태에 있었습니다. 그러니 불쑥 고기잡이 하러 가겠다는 말을 하였던 것입니다.

그러면 그날 저녁의 낚시 결과가 무엇입니까? 3절 하반절을 보시면 그렇게 제자들이 "나가서 배에 올랐으나 그 날 밤에 아무 것도 잡지 못하였더니"라고 말씀하시지요. 갈릴리 바다는 물이 맑기 때문에 대낮에 낚시하기보다는 한밤에 고기잡이를 한다고 합니다. W. M. 톰슨이 쓴 글에 보면 갈릴리의 어부들은 찬란하게 불타오르는 횃불을 밝혀 들고 반짝반짝 빛

나는 물 위를 조그마한 배를 타고 갈릴리 바다에 나가 번개와 같이 빠른 솜씨로 그물을 던지곤 했다고 합니다.[55] 베드로, 안드레, 야고보, 요한 다 갈릴리 바다에서 그렇게 잔뼈가 굵은 어부 출신들이기에 갈릴리 바다를 속속들이 잘 알고 있었습니다. 그렇게 전문적인 어부들이 밤새워 고기를 낚았으나 아무것도 잡지 못하고 허탕을 치고 말았다는 것은 대단히 씁쓸하고 허탈한 일이었을 것입니다. 이러한 일이 얼마나 그들의 생에 반복되었는지는 모르겠지만, 적어도 우리는 제자들이 예수님의 제자들로 부름 받는 계기가 되는 사건을 기록한 누가복음 5장 1절 이하에 보면 한 예는 확인할 수가 있습니다. 그날도 밤이 새도록 수고했지만 잡은 것이 아무것도 없었다고 5절에 고백하는 것을 볼 수 있기 때문입니다.

그런데 놀라운 일이 무엇입니까? 두 경우에 다 예수님께서 갈릴리 바닷가에 찾아오셨다는 것입니다. 오늘 본문 4절을 보시기 바랍니다. "날이 새어갈 때에 예수께서 바닷가에 서셨으나 제자들이 예수이신 줄 알지 못하는지라." 일단 시점이 날이 새어갈 때라고 했는데, 동녘이 이미 트고 있을 때 혹은 이른 아침일 때while day was already breaking or when it was early morning를 의미합니다. 갈릴리 바닷가에서 집회를 인도해 본 경력이 있는 어떤 목사님에 따르면 5시경에는 여전히 날이 어둡지만, 5시 반쯤 되니까 동녘이 붉어지면서 밝아지기 시작하더라고 했습니다. 제자들이 저녁 식사를 마치고 나서 고기잡이 배나 도구를 빌려서 어림잡아 8시에 낚시를 시작했다고 해도 8시간 이상을 낚시를 하였다고 볼 수 있습니다. 이제 밤이 지나서 동녘이 터오고 있는 바로 그 시점에 예수님께서 바닷가에 서 계셨다고 본문은 말씀하는 것입니다. 아직은 어두운 시점이거나 아니면 아침 안개로 인해서 제자들은 예수님을 알아보지는 못했습니다.

우리가 여기서 생각할 수 있는 것은 예수님께서는 그 바닷가에 새벽녘에 와서 서 계셨다기보다는 밤새도록 고기잡이하고 있는 그들을 지켜보고 계셨다는 것입니다. 이번 갈릴리 미팅은 주님께서 의도하시는 바가 있었기 때문에 계획되고 고지된 것임을 21장 전체를 통해서 확인할 수가 있습니다. 본문 5절로 가봅니다. 밤새워 고기잡이를 했지만 아무 어획고도 올리지 못했던 그 제자들을 향해서 예수님께서는 염장 지르는 질문을 하시는 것을 볼 수 있습니다. "예수께서 이르시되 얘들아 너희에게 고기가 있느냐? 대답하되 없나이다."(NIV- "Friends, haven't you any fish?" "No," they answered.) 예수님은 제자들에게 파이디온*paidion*이라는 친근한 단어를 사용하여 호칭하셨습니다. 우리나라 유행어로 하자면 "아그들아"라고 할 수 있을지 모르겠습니다. 그러나 그렇게 친밀한 호칭을 쓰시면서 던지신 질문은 너희에게 고기가 있느냐는 것인데, 헬라어 구문은 부정형으로 되어 있습니다. NIV에서 잘 번역한 대로 '너희들에게 고기가 한 마리도 없지?' 그런 식의 질문입니다. 주님은 그들이 밤새 수고했지만 고기 한 마리도 못 낚은 것을 훤히 들여다보시고 부정적인 질문을 하셨습니다. 8절에 의하면 최소한 예수님과 제자들이 탄 배 사이의 거리는 오십 칸, 즉 90미터가 넘었습니다. 아직 날이 밝아오고 있는 시점에서 그 정도의 거리라면 정상적인 인간이라면 고기를 한 마리도 낚지 못했다라고 단정하고 질문을 할 수는 없습니다. 예수 그리스도께서 부활하신 주님이시기에 그런 초자연적인 지식이 가능하신 것입니다.

제자들이 밤새 수고하고도 고기 한 마리도 못 낚았다는 고백을 듣고 나서 주님께서는 무슨 명령을 내리셨는가 하면 6절 상반절에 있지요? "그물을 배 오른편에 던지라 그리하면 잡으리라." 누가복음 5장에서는 "깊은 데로 가서 그물을 내려 고기를 잡으라"(4절)고 말씀하셨는데, 이번에는 그물을 배 오른편에 던지라고 말씀하셨습니다. 그리고 그렇게 그물을 던지면 고기를 잡을 수 있다고 말씀해 주셨습니다. 누가복음 5장 5절에 보면 주님의 그러한 말씀을 듣고서 베드로가 "선생님 우리들이 밤이 새도록 수고하였으되 잡은 것이 없지마는 말씀에 의지하여 내가 그물을 내리리이다"라고 반응을 했지만, 이번 경우에는 아무런 대꾸 없이 "이에 던졌더니 물고기가 많아 그물을 들 수 없더라"고 말씀하고 있습니다. 이러한 일련의 과정을 통해서 7절에 보면 드디어 예수께서 사랑하시는 그 제자라고만 밝히고 있는 사도 요한이 예수님의 정체를 알아보게 됩니다. 그의 눈이 열려서 지금 바닷가에서 자신들에게 배 오른편에 그물을 던져라고 말씀하시고, 그 말씀대로 많은 고기를 낚게 하신 분은 바로 부활의 주님이시라는 것을 알게 되었던 것입니다. 요한은 이처럼 예수님의 가슴에 가장 가까이에 있던 제자로써 주님을 재빨리 알아봅니다. 그러나 재빨리 주님께로 가서 인사를 드리려고 한 사람은 역시 시몬 베드로였습니다. 그는 겉옷을 두른 후에 바다에 뛰어내렸습니다. 8절에 있는 대로 바다에서의 거리가 아직 오십 칸, 90미터나 되면 배를 육지에 댈 때까지 기다려도 되는데 베드로는 참지 못하고 겉옷까지 걸친 채 바다에 뛰어내린 것입니다. 그만큼 그의 마음은 주님을 향해 간절했던 것을 알 수 있습니다.

   11절에 의하면 주님의 말씀에 순종하여 낚은 고기의 숫자가 153마리이고 그들이 가진 그물이 감당하기 어려운 정도로 많은 어획고였지만 그물이 찢어지지 아니하였다고 했습니다.

밤을 새워 8-9시간 동안 일곱 명의 장정이 피라미 한 마리, 송사리 한 마리도 못 낚았는데도 주님 말씀 하나에 순종해서 그물을 내렸더니 단 한 번 그물질에 무려 153마리나 되는 풍성한 어획고를 올리게 된 것입니다. 그러면 이제 중요한 질문을 던집니다. 이 사건의 의미가 무엇일까요? 왜 예수님께서는 제자들을 갈릴리에서 보자고 천사를 통해 전언하신 후에, 그 갈릴리 바다를 찾은 제자들을 일찍이 안 만나주시고 이렇게 밤새 수고를 한 후에 만나 주신 것일까요? 여러분 제가 누가복음 5장의 사건을 같이 언급을 해왔는데, 두 가지 사건의 공통점이 무엇인지 아시겠습니까? 예, 고기 잡는 것이지요. 그리고 인간적인 노력으로 아무리 애써 보았지만 허탕만 치는 경험을 했다는 것, 그러나 주님의 한 말씀에 순종했을 뿐인데도 엄청난 어획고를 올리게 되었다는 것이 공통점입니다. 우리나라에 50년 된 모나미 볼펜이 있습니다. 모나미 볼펜을 주의해서 보시면 153 숫자가 새겨져 있습니다. 어떤 사람은 모나미 볼펜 키라고 말하기도 합니다만 사실은 오늘 본문과 관련된 숫자입니다. 기독교인이었던 송 사장님이 1963년 이 볼펜을 출시하면서 153이라는 숫자를 새겨넣게 했습니다. "153이라는 숫자는 기독교적 의미를 담고 있는데 '베드로가 하나님이 지시한 곳에서 153마리의 고기를 잡았으나 그물이 찢어지지 않았다'는 요한복음 21장에서 따왔다. 즉, 순리에 따르면 그만큼 많은 성과를 올릴 수 있다는 의미에서" 그렇게 했다고 합니다. 아무튼 누가복음 5장의 경우에도 결론은 이제부터 사람 낚는 어부가 되게 해 주시겠다는 주님의 소명이었습니다(5:10). 그리고 153마리의 어획고를 올린 요한복음 21장의 기적적인 사건도 결국 주님의 양을 먹이고 치는 사명의 문제로 귀결되는 것을 15절 이하에서 볼 수가 있습니다. 이제 머릿속에 정리가 되시는지요? 예수님께서는 그들의 소명 초기에 경험하게 하셨던 동일한 사건을 3년이 지난 후에 다시 한번 체험하게 하셨던 것입니다.

그러나 두 본문을 주의해서 읽어보신다면 동일한 내용의 사건이어도 중요한 차이점들이 있습니다. 누가복음 5장에는 제자로 처음 부름 받을 때에 일어난 일이지만, 요한복음 21장에는 한 번 주님을 배신하고 실패한 자들에게 일어난 일이라는 점이 다른 것입니다. 이 사건을 다시금 체험하게 하신 이유는 간단합니다. 요한복음 15장 5절에 있는 대로 "나는 포도나무요 너희는 가지라 그가 내 안에, 내가 그 안에 거하면 사람이 열매를 많이 맺나니 나를 떠나서는 너희가 아무 것도 할 수 없음이라." 이 진리를 확인시켜 주시기 위해서 그런 사건을 다시금 체험하게 하신 것입니다. 예수님께서는 잡히시던 밤에 호언장담하는 베드로에게 이미 경고하신 적이 있습니다. 지금은 안 된다. 너희들의 힘으로는 안 된다. 그러나 할 수 있는 때가 올 것이라고 말입니다. 베드로를 비롯하여 제자들이 고난주간에 실패하고 배신자가 되었던 것은 그들이 악해서라기보다는 아직 약하기에, 그리고 주님을 의지하기보다는 인간의 열심과 혈기로 덤볐기 때문에 그랬다는 것을 분명하게 경고하셨던 것입니다.

이제 부활하신 주님은 제자들을 다시 찾아오셔서 너희들의 힘으로는 할 수 없다, 너희들이 나를 떠나서는 아무 열매도 맺을 수 없다, 그러나 이제 내가 너희가 함께하면 할 수 있다는 것을 알려 주시기 위해서 오신 것입니다. 그리고 더욱이 오순절 성령 강림 사건을 통해서 성령을 충만히 받으면 주님을 위해 일하고, 목양하고, 선교하고, 죽기도 할 수 있게 된다는 것을 알려 주시기 위해서 그러한 사건을 다시 체험하게 해 주신 것입니다. 잡히시던 밤에 도망갈 제자를 앞에 두고서 "내가 진실로 진실로 너희에게 이르노니 나를 믿는 자는 내가 하는 일을 그도 할 것이요 또한 그보다 큰 일도 하리니 이는 내가 아버지께로 감이라"(요 14:12) 하신 대로 하나님 나라를 위해서 큰 역사를 이루게 될 것입니다.

와서 조반을 먹으라

이제 마지막 대목을 살펴보십시다. 그렇게 예수님 말씀에 순종하여 엄청난 어획고를 올리고서 이제 육지에 배를 대고 나서 하선하고 일어난 사건입니다. 9절에 보시면 그들이 "육지에 올라보니 숯불이 있는데 그 위에 생선이 놓였고 떡도 있더라"고 했습니다. 이 사건이 일어난 시기는 지금의 고난주간 비슷한 때이니 새벽녘 갈릴리 바다가는 일단 어실 어실 추운 때입니다. 그리고 제자들은 밤새 고기잡이를 하느라고 육신의 에너지를 많이 써서 지치고 곤한 상태일 때입니다. 간식거리 하나도 제대로 챙기지 못하고 밤새 일했을 터이니 배도 무척 고플 때라는 것을 우리는 짐작할 수 있습니다. 그리고 요즘같이 편의점이나 24시간 문을 여는 음식점들이 즐비한 시대가 아니니 어디서 쉽사리 음식을 구하지도 못했습니다. 바로 그와 같은 상황에서 제자들이 육지에 이르러 보게 된 것은 숯불이 피워져 있고 숯불 위에 생선과 떡이 놓여있는 것입니다. 주변에 아무도 없으니 예수님께서 친히 준비하시고 계시는 식사라는 것을 알 수 있었겠지요. 10절에 보시면 예수님께서는 "지금 잡은 생선을 좀 가져오라"고 하셔서 제자들이 먹을 수 있는 더 풍성한 식탁을 마련하셨습니다.

그리고 12절에 보면 모든 식사 준비를 마치시고 나서 예수님은 뭐라고 말도 잘 못하고 분위기 어색하게 있는 제자들에게 "와서 조반을 먹으라"고 말씀해 주셨습니다. 이 구절을 흠정역(KJV)은 "Come and dine"이라고 번역했습니다. 다인 dine은 정찬이나 만찬을 의미합니다. 헬라어 단어 아리스타오 aristao를 잘 번역한 것입니다. 예수님께서 정성을 다해 준비한 아침 식사라는 의미가 있습니다. 그리고 이재철 목사님은 "와서 조반을 먹으라"는 이 구절에 대해서 "주님의 이 짧은 한 마디야말로 주님께서 인간을 위한 진정한 구원자 되심의 증거가 아닐 수 없습니다"라고 평가하고 세 가지의 중요한 교훈을 추출해 말해 줍니다. 유익하고 합당한 내용이기에 소개를 해 드립니다.[56]

첫째, 주님께서는 제자들에게 그 순간에 무엇이 필요한지를 아셨다는 것입니다.

둘째, 주님께서는 그들의 필요를 채워줄 수 있는 능력을 갖추고 계셨다는 것입니다. 주님의 능력이 아니었던들 그날 새벽 그 조반은 애당초 불가능하였을 것이기에, 그 조반이야말로 주님 능력의 결정체였습니다.

셋째, 주님께서는 제자들의 필요를 정확히 아시고 그 필요를 채워줄 수 있는 능력을 가지고 계실 뿐만 아니라, 제자들을 위해 그 능력을 베푸시는 넉넉한 사랑을 갖고 계셨다는 것입니다. 예수님께서는 자신을 배신한 제자들을 위해서 그 식탁을 정성껏 준비하셨다는 말입니다.

이어지는 구절에 의하면 "제자들이 주님이신 줄 아는 고로 당신이 누구냐 감히 묻는 자가 없더라"고 했습니다(12절하). 그리고 "예수께서 가셔서 떡을 가져다가 그들에게 주시고 생선도 그와 같이 하시니라"고 했습니다(13절). 너무나 감격스럽고 훈기 넘치는 아침 식사를 뜻밖의 장소에서 불가능한 상황 속에서 가질 수가 있었습니다. 그리고 부활하신 주님과 영적인 교제의 시간을 가지게 되었습니다. 이를 통해 제자들은 치유되고 회복되며 사도의 사명을 다시금 재확인할 수 있게 되었습니다. 뒤집힌 양과 같이 스스로 회복될 수 없었던 베드로도 주님의 따뜻한 식사 대접과 따사로운 말씀에 의해서 그 영혼이 소성하게 되었고, 사도로서의 재위임을 받을 수 있게 되었습니다.

사랑하는 여러분! 오늘날 우리들도 주님이 제정하시고 베푸신 식탁 앞에 서곤 합니다. 주일에 나와 예배드리고 말씀을 듣는다는 것, 특별히 성찬식에 참여하여 떡과 포도주를 받는다는 것은 주님의 식탁 앞으로 우리가 나아가는 시간입니다. 단순히 사람들끼리 흥을 내고 무슨 행사하는 시간이 아닙니다. 단지 목사가 말하고, 목사가 나눠주는 빵조각과 포도즙 몇 방울을 먹는 것이 아닙니다. 믿음으로 참여할 때에 우리들은 주님의 식사 초대에 응하는 것입니다. 우리들의 죄를 용서하시고, 우리의 지치고 곤한 육신과 영혼을 치유하시고 회복시켜 주시는 은혜를 체험하실 수 있습니다. 세상살이에 혼자 힘으로 살아보려고 버둥거리다가 지친 영혼들, 베드로처럼 연약해서 죄를 짓고 나자빠지기도 했던 영혼들을 위해 주님은 자신의 살과 피를 흘려서 마련하신 식탁을 배설하시고 "와서 조반을 먹으라"고 초대하시는 음성에 믿음으로 응답하시기를 바랍니다. 그리하여 치유되고 회복된 심령으로 베드로처럼 "주님 그러하나이다. 내가 주님을 사랑하는 줄 주님께서 아시나이다"(16절)라고 고백할 수 있게 되기를 바랍니다.

그리고 우리는 이 본문의 배경이 되는 중요한 사실을 기억해야 합니다. 베드로나 제자들이 자기들의 힘과 의욕만으로 주님의 뒤를 따라간다고 착각했을 때에 그렇게 크게 넘어질 수밖에 없었다는 사실입니다. 주님은 처음에도 과정에도 끝까지도 우리 힘으로는 신령한 일을 할 수 없다는 것을 분명하게 알게 하시기를 원하십니다. 그래서 때로는 주님은 우리의 힘을 빼게 하기 위해서 실패와 고난을 겪도록 방치하실 수 있습니다. 그리고 비로소 손을 들고 날마다, 때마다 주님이 필요합니다. 주님 도와주시지 않으면 나는 아무것도 할 수가 없습니다 고백하고, 주님을 의지하고 살아가는 것을 원하시는 것입니다. 그렇게 주님께 깊이 순종할 때에 우리가 1년을 힘써도 되지 않을 일들이 단 한 주일 만에 되어지는 일도 일어나는 것입니다. 우리 개인의 일도, 교회 일도 그렇습니다. 나랏일도 그렇습니다. 범사에 더욱 주를 인정하고, 의지하고, 그리고 말씀 속에서 지침을 찾고, 기도 속에서 더욱 도우심을 구하시면서 살아가실 수 있는 여러분들이 되시기를 바랍니다.

2. 네가 나를 사랑하느냐?

그들이 조반 먹은 후에 예수께서 시몬 베드로에게 이르시되 요한의 아들 시몬아 네가 이 사람들보다 나를 더 사랑하느냐 하시니 이르되 주님 그러하나이다 내가 주님을 사랑하는 줄 주님께서 아시나이다 이르시되 내 어린 양을 먹이라 하시고 또 두 번째 이르시되 요한의 아들 시몬아 네가 나를 사랑하느냐 하시니 이르되 주님 그러하나이다 내가 주님을 사랑하는 줄 주님께서 아시나이다 이르시되 내 양을 치라 하시고 세 번째 이르시되 요한의 아들 시몬아 네가 나를 사랑하느냐 하시니 주께서 세 번째 네가 나를 사랑하느냐 하시므로 베드로가 근심하여 이르되 주님 모든 것을 아시오매 내가 주님을 사랑하는 줄을 주님께서 아시나이다 예수께서 이르시되 내 양을 먹이라 내가 진실로 진실로 네게 이르노니 네가 젊어서는 스스로 띠 띠고 원하는 곳으로 다녔거니와 늙어서는 네 팔을 벌리리니 남이 네게 띠 띠우고 원하지 아니하는 곳으로 데려가리라 이 말씀을 하심은 베드로가 어떠한 죽음으로 하나님께 영광을 돌릴 것을 가리키심이러라 이 말씀을 하시고 베드로에게 이르시되 나를 따르라 하시니 베드로가 돌이켜 예수께서 사랑하시는 그 제자가 따르는 것을 보니 그는 만찬석에서 예수의 품에 의지하여 주님 주님을 파는 자가 누구오니이까 묻던 자더라 이에 베드로가 그를 보고 예수께 여짜오되 주님 이 사람은 어떻게 되겠사옵나이까 예수께서 이르시되 내가 올 때까지 그를 머물게 하고자 할지라도 네게 무슨 상관이냐 너는 나를 따르라 하시더라 이 말씀이 형제들에게 나가서 그 제자는 죽지 아니하겠다 하였으나 예수의 말씀은 그가 죽지 않겠다 하신 것이 아니라 내가 올 때까지 그를 머물게 하고자 할지라도 네게 무슨 상관이냐 하신 것이러라(요 21:15-23).

기독교 상담학자 가운데 정태기 교수라는 분이 있습니다. 언젠가 정 교수님이 기독교 신문에 쓴 글을 읽어 보았습니다.

많은 사람들이 그렇듯 나도 한때 심각한 신앙의 위기를 경험한 적이 있습니다. 기도가 막히고 만사가 짜증스러웠습니다. '그런 곳에도 소위 희망이란 게 남아 있을까? 그런 곳에 사는 사람도 뭔가 살아야 할 이유 같은 걸 갖고 있을까?' 어쩌면 불행한 자가 자기보다 더 불행한 자를 바라보면서 느끼는 슬픈 교만의 위안을 받고 싶었는지도 모릅니다.

소록도에 도착해서 가까운 교회로 들어갔습니다. 마침 수요 낮 기도회 시간이어서 막 통성 기도가 시작되고 있었습니다. 나도 그들 사이에 끼어 기도해보려고 했으나 입술만 타들어 갈 뿐 기도가 나오지 않았습니다. 그때 뒷사람의 기도 소리가 귓속을 파고들었습니다. 그 기도 소리는 잠든 내 영혼을 흔들어 깨우고 메마른 내 가슴을 후려치기에 충분할만큼 간절했습니다.

"하나님, 제게 주신 은혜가 어찌 이리 크신지요? 어찌하면 이런 주님의 은혜를 조금이라도 갚을 길이 있겠는지요? … 어찌하면 이 크나큰 은혜를 갚을 수 있단 말입니까?"

기도 소리의 주인공이 너무나 궁금해졌습니다. '이 저주받은 섬에서 도대체 어떤 사람이기에 저렇게 특별한 주님의 은총을 누리며 살고 있단 말인가?' 아마 섬을 찾아온 돈 많은 기부자이거나 천사 같은 마음을 가진 의사가 아닐까 싶었습니다. 도대체 어떤 사람일까, 너무나 궁금했던 나는 결국 기도하기를 포기하고 뒤를 돌아다보았습니다.

아! 거기에는 이것이 사람인가 싶을 정도로 흉측한 몰골을 한 문둥이 노인이 앉아 있었습니다. 심하게 나병을 앓았는지 노인의 얼굴은 이미 형태를 알아볼 수 없을 만큼 짓뭉개져 있었습니다. 머리카락 한 올 남지 않은 머리하며 해골처럼 움푹 파인 코, 위아래가 붙어버린 눈 … 그 눈에서 하염없이 눈물이 흐르고 있었습니다. 저 노인이 그 기도 소리의 주인공이란 말인가! 믿어지지 않았습니다.

노인은 내가 쳐다보는 줄도 모르고 손가락이 다 떨어져 나간 주먹으로 연신 얼굴을 훔쳐가며 하나님께 감사의 기도를 드리고 있었습니다. 순간 내 가슴 밑바닥에서는 무엇인가 뜨거운 것이 치밀어 오르면서 통곡이 솟구쳐 올랐습니다. 나는 상처 입은 한 마리 들짐승처럼 한없이 울부짖었습니다.

눈을 떠보니, 노인 혼자서 나를 걱정스럽게 지켜보고 있었습니다. 내가 눈을 뜨자 노인은 안심했다는 듯 앉은뱅이걸음으로 교회를 빠져나갔습니다. 급히 뒤따라 나가서 노인에게 물었습니다. "할아버지, 뭐가 그렇게 고마우신 겁니까? 무슨 은혜를 그리 많이 받으셔서 그런 기도를 드리시는 거예요?"

"내가 문둥병에 걸리자 세상도, 피붙이도 다 나를 버렸지, 친구들도 다 떠나버렸고 … 그런데 말이야. 이런 나를 버리지 않고 이 소록도까지 따라와 준 분이 계셨어. 그분은 내게 기쁨과 소망을 주셨지."

"할머니가 따라오셨군요?"

내 말에 노인이 고개를 저으며 말했습니다.

"아니야. 예수님이 따라오셨지."

나는 또 한 번 강하게 뒤통수를 얻어맞은 것 같았습니다. 그리고 그 순간, 예수님이 얼마나 위대한 분인가를 실감했습니다.

세상에서 말하는 영광은, 사람들이 너나 할 것 없이 추구하는 성공은 높은 곳, 휘황찬란한 영광이 있는 자리에 이르고자 하는 것입니다. 지도자들은 백성들을 위해서 섬기려고 노심초사하려고 하는 것이 아니고 오히려 백성들을 부리려 하고 한 몫을 챙기기에 급급합니다. 그리고 돈이나 지식이나 권력이나 무엇인가를 가진 자들은 그러한 것들이 없는 자들을 위해서 배려하고 나누어 주려고 하기보다는 안전하게 지키기에 급급하고 육신의 쾌락을 좇기에 바쁜 것이 현실입니다. 그러나 우리 주님은 어떻습니까? 하늘 보좌를 버리고 이 낮고 천한 땅에 내려오신 분입니다. 우리네 인생이라면 결코 자원해서 하지 않을 일을 예수님은 하셨습니다. 여기에 예수님의 영광이 있는 것입니다. 주님은 사람들에게 짓밟히고, 우리의 죄를 대신 짊어지기 위해서 이 땅에 오셨습니다. 하나님과 원수가 된 그와 같이 구제불능의 인간들을 건져내기 위하여 주님은 이 땅에 오신 것입니다. 하나님은 친히 이 땅에 오사 우리로부터 십자가의 죽음이라는 최악의 대우를 당하신 뒤 그 잔혹 행위를 오히려 인간을 위한 구원의 길로 삼으셨습니다.

　오늘 우리는 참으로 유명한 본문을 읽었습니다. 여러분들이 이미 잘 알고 있는 본문입니다. 그러나 이 본문은 다시금 읽어도 새로운 본문입니다. 마음이 따뜻해지고 뭉클해지게 하는 말씀입니다. 은혜로우신 주님을 보여주는 말씀인 것입니다. 요한복음 21장은 예수님이 부활하신 후에 갈릴리 바닷가에 있는 제자들을 찾아오신 때를 배경으로 하고 있습니다. 베드로를 비롯한 7명의 제자들이 밤새 고기를 낚으려 하였으나 단 한 마리도 낚지 못하였을 때에 주님은 그들로 하여금 배 오른편에 그물을 던지게 하시고 153마리나 되는 큰 어획고를 올리게 하셨습니다. 이러한 기적을 베푸실 뿐 아니라 주님은 밤새 고기 잡는다고 지치고 배고픈 제자들을 위하여 친히 숯불을 피우고, 떡을 굽고 생선을 굽는 등 식사를 준비하신 후에 제자들에게 와서 조반을 먹으라고 식탁으로 초청해 주셨습니다.

베드로를 치유하시고 다시금 사도로 회복시키시는 예수님
(15-17절)

오늘 읽은 본문을 잘 이해하시기 위해서 건전한 상상력을 발휘해서 그림을 그려 보시기를 바랍니다. 숯불 가에 여덟 명이 옹기종기 둘러앉아 아침 식사를 함으로 육신적인 추위와 허기로부터 벗어나게 되었고, 제자들은 이제 주님이 도대체 무엇이라고 말씀하시려나 기대와 설레임으로 조바심을 내었을 것입니다. 그런데 예수님은 모든 이들이 보는 앞에서 베드로를 바라보셨습니다. 따스한 아침 햇살이 반사되는 바닷가에서 주님의 부드러운 시선은 베드로의 눈을 바라보고 계십니다. 불과 얼마 전 목요일에서 금요일로 넘어가는 그 깊은 밤 주님을 세 번이나 부인하고 저주하던 때에도 예수님은 돌이켜 베드로를 바라보신 적이 있었습니다(눅 22:61-62). 참으로 궁금해지지 않습니까? 자신을 배신하고 저주까지 한 주님의 시선은 어떠한 시선이었을까? 원망이나 책망의 엄한, 그래서 쳐다보기도 두려운 그런 시선이었을까요? 저는 아니었다고 생각합니다. 주님은 지금 주님을 세 번이나 부인하고 맹세하고 저주하기까지 한 실패자 베드로를 치유하고 회복시키고자 찾아오신 것이기 때문입니다. 주님의 시선은 조금의 불평이나 원망의 시선이 아니라 사랑과 용납을 드러내는 부드러운 시선이었습니다.

만일 베드로를 공개적으로 용서하시고 회복시키시지 않는다면, 베드로가 주님의 사역을 효과적으로 감당할 수가 없게 될 것입니다. 그리고 다른 사도들이나 다른 신자들의 저항에 부딪히게 될지도 모르는 일이었습니다. 주님의 얼굴조차 제대로 바라볼 수 없는 베드로에게 주님은 드디어 입을 여시고 말씀하기 시작하셨습니다. 그런데 주님의 입에서 나온 말씀은 전혀 상상 밖의 물으심이었습니다. 이제 우리에게는 유명한 말씀이지요? 15-17절에 보시면 예수님은 세 번이나 동일한 질문을 하셨습니다. 예수님의 질문은 "요한의 아들 시몬아 네가 이 사람들보다 나를 더 사랑하느냐?"는 것이었습니다. 이에 베드로는 "주님 그러하나이다 내가 주님을 사랑하는 줄 주님께서 아시나이다"라고 대답했습니다. 세 번이나 그렇게 물으시니 베드로는 "주께서 세 번째 네가 나를 사랑하느냐 하시므로 베드로가 근심하여 이르되 주님 모든 것을 아시오매 내가 주님을 사랑하는 줄을 주님께서 아시나이다"라고 답을 했다고 했습니다.

먼저 우리는 베드로라고 부르지 아니하시고 "요한의 아들 시몬"이라고 부르신 것을 주목해야 합니다. 요한의 아들은 바요나라고 할 수 있겠지요. 시몬은 베드로가 부모에게 받은 이름이고, 예수님을 만나기 전의 이름입니다. 베드로 혹은 게바는 예수님이 친히 지어주신 이름으로서 반석이라는 뜻을 가지고 있습니다. 만일 이때에 예수님께서 "베드로야"라고 부르셨다면 이는 이 이름값도 못하는 못난 인간아 네가 그러고도 반석이냐는 의미의 책망하는 음성이 되었을 것입니다. 그래서 예수님은 예수님을 만나기 전의 이름을 부르시는 것입니다. 마치 야곱과 이스라엘의 이름과 같습니다. 이사야는 "너 지렁이 같은 야곱아"라고 애절한 표현을 쓰기도 했습니다.

예수님께서 세 번씩이나 베드로에게 물어보신 질문을 생각해 보십시다. 예수님은 베드로에게 그곳에 둘러 앉아있는 모든 사람들보다 자신을 진짜로 더 사랑하느냐고 물으셨습니다. 다른 사람들은 주님을 배신해도 자신은 절대로 배신하지 않겠다고 호언장담했던 베드로, 그러나 여종 앞에서 사람들 앞에서 세 번씩이나 주님을 부인하고 예수를 모른다고 저주했던 그 베드로에게 주님은 날 사랑하느냐고 물으셨습니다. 이와 같은 물음은 참으로 잔인한 과거를 기억 속에 되살리게 하는 물음이었습니다. 하지만 베드로에게 물어진 질문은 그로 하여금 낙담하여 일어설 수 없게 하거나, 그가 대답할 수 없는 질문이 아니었습니다. 비록 베드로가 주님을 배반했으나 "내 힘과 결심 약하여 늘 넘어지기 쉬우니"라고 노래 하는 대로 연약해서였지, 주님을 미워하거나 싫어해서가 아니었기 때문입니다. 그는 닭소리를 듣고서 현장에서 대성통곡까지 하지 않았습니까! 따라서 그는 "내가 주님을 사랑합니다"고 대답합니다. 그가 주님을 사랑한다고 하는 것은 분명한 사실이었기 때문입니다. 헬라어 원문에 의하면 예수님은 아가

파스 메(ἀγαπᾷς με)라고 묻고, 베드로는 필로 세(φιλῶ σε)라고 대답했고, 세 번째 질문하실 때는 필레이스 메(φιλεῖς με)라고 물으시고, 베드로는 여전히 필로 세(φιλῶ σε)라고 대답했다고 기록하고 있습니다. 그래서 어떤 이들은 예수님은 너 나를 아가페 사랑으로 사랑하는 것 맞냐라고 물으시는데, 베드로는 아뇨 그저 필리아 사랑으로 사랑한다고 고백했고, 마침내는 네가 진짜 필리아 사랑 정도로라도 사랑하는 것 맞니라고 다그치신 것처럼 해석합니다. 그러나 예수님과 베드로가 주고받은 언어는 사실상 아람어였다고 봅니다. 아람어(히브리어)에는 한 가지 사랑을 썼습니다. 예수님은 낙심해있는 베드로를 향해 너의 진심이 무엇이니, 너 나를 사랑하는 것 맞잖아라고 확인시켜 주시려고 이런 핵심 질문을 던지신 것입니다.

우리는 예수님께서 그날 그 바닷가에 베드로를 책망하시기 위해서 찾아가신 것이 아니라는 것을 알아야 합니다. 예수님은 베드로에게 왜 배신했느냐고 책임을 추궁하기 위해서 오신 것이 아니었습니다. 배신이란 믿고 의지했던 대상이 적대적이 될 경우에 성립된다고 할 수 있습니다. 그러나 예수님은 베드로를 믿으신 것이 아니고, 그를 사랑하셨습니다. 예수님은 잡히시던 밤에 베드로의 호언장담을 일언지하에 거절하시면서 그의 배신을 예고하셨고, 다만 멸망의 길로 가지 않도록 기도했으며 "너는 돌이킨 후에 네 형제를 굳게 하라"(눅 22:32)고 부탁하기까지 하셨습니다. 예수님은 베드로의 행각을 미리 다 알고 계셨고, 도리어 넘어지면서 베드로가 입게 될 상처를 염려하셨습니다.

소위 어떤 유명한 책 이름처럼 베드로에게 기대하시는 것은 "상처 입었던 [경험이 있는] 치유자"a wounded healer가 되라는 것이었습니다.[57] 하나님의 용서하시는 은혜와 사랑을 먼저 체험한 자만이 타인을 사랑할 수 있습니다. 필립 얀시가 말한 대로 "값없이 베푸시는 은혜는 자격이 없는 자에게만이 아니라, 정반대 대우를 받아 마땅한 자에게까지 이르는 것이다"는 점을 아는 자가 남을 진정으로 용납할 수 있습니다. "내가 최선의 모습이 아니라 최악의 모습일 때 하나님의 사랑이 나를 찾아오신 것과 그 놀라운 은혜가 나 같은 죄인을 살리신 것을 나는 안다"고 고백할 수 있는 자가 은혜의 증인이 될 수가 있습니다.[58]

성도 여러분! 주님을 사랑하십니까-주님은 단순명료하게 단도직입적으로 중심적인 질문을 던지십니다. 우리가 만약에 주님을 사랑한다면 우리는 주님이 즐겨 머무르시는 자리, 하기를 기뻐하시는 일을 수종들 수밖에 없다. 주님의 몸된 교회에 그의 관심을 가지게 됩니다. 예수님께서는 사랑한다고 고백하는 베드로에게처럼 우리들에게도 내 양을 치라, 먹이라고 말씀하십니다. 골로새서 1장 24절에 의하면 교회를 위하여 수고진력하는 것은 그리스도의 남은 고난을 내 육체에 채우는 것이라고 했습니다. 어떤 선교 단체의 표어처럼 "하나님의 마음을 아프게 하는 것들로 내 마음이 아프게 하소서."Let my heart be broken with the things that break the heart of God! 이것이 바로 은혜를 받은 자의 마땅한 고백이요 반응일 것입니다.

영광스러운 미래에 대한 비전 제시(18-19절)

시몬 베드로로부터 세 번이나 사랑의 고백을 받아낸 주님은 이제 장차 그가 어떠한 종말을 맞을 것인가에 대해서 예언적인 말씀을 주셨습니다. "내가 진실로 진실로 네게 이르노니 네가 젊어서는 스스로 띠 띠고 원하는 곳으로 다녔거니와 늙어서는 네 팔을 벌리리니 남이 네게 띠 띠우고 원하지 아니하는 곳으로 데려가리라"(18절). 그리고 하신 말씀이 "나를 따르라"(19절)는 것이었습니다. 요한복음서 기자는 이와 같은 주님의 예언적 말씀이 베드로의 생애 만년에 어떻게 성취되는가를 듣게 되었습니다. 19절에 말씀하시는 대로 "베드로가 어떠한 죽음으로 하나님께 영광을 돌릴 것"을 예고해주신 것입니다. 비록 이전에는 호언장담은 하고서도 충성을 다하기는커녕 배신자가 되었던 지극히 인간적인 베드로였지만, 이제 장차는 디베랴 바닷가에서 다시금 확인하고 고백한 대로 주님을 사랑할 것이며, 맡기신 양무리를 치며 교회를 돌보다가 마침내는 고난의 주님을 본받아 영예로운 최후를 맞이할 것이라는 것을 예언하셨습니다. 이것이 바로 주님을 따른다고 하는 말씀이 함축하고 있는 의미인 것입니다. 컴플렉스와 침체에서 좀처럼 벗어날 수 없었을 베드로에게 미래에 대한 예언을 주심으로서 그의 영혼을 새롭게 하시며, 때때로 빠지게 될 절망감에서 그 말씀을 기억하면서 회복될 수 있도록 메시지를 주신 것입니다. 말씀을 통하여 그의 장래를 정해주셨습니다. 미래에 대한 비전과 꿈을 가지게 해주셨습니다.

예수님께서 승천하신 후에 사도 베드로는 예루살렘 교회의 지도자로 잠시 있다가 그 지도권을 예수님의 동생 야고보에게 이양하고 이곳저곳으로 선교사역을 하고 다녔습니다. 오늘 본문에서 예수님께서 "내 양을 먹이라, 치라"고 분부하신 대로 목양 사역을 충성스럽게 했던 것입니다. 당시 국제어였던 헬라어나 라틴어를 잘 구사하지 못했던 그는 마가 요한을 통역자로 데리고 다니면서 복음을 전하였습니다. 그리고 바로 이 마가를 통하여서 4복음서 가운데서 가장 먼저 쓰여졌고 다른 복음서 기자들의 초안이 되어주었을 마가복음을 후세에 남겼습니다. 그는 이 짧은 기록 속에서도 자신의 실패를 숨기지 아니하고 그대로 기록하게 하였습니다. 마가복음은 베드로 복음이라고 할 수가 있습니다. 베드로에 대한 묘사가 아주 리얼합니다.

그리고 "사람이 친구를 위하여 자기 목숨을 버리면 이보다 더 큰 사랑이 없나니"(요 15:13)라고 말씀하신 주님의 말씀대로 주님을 사랑한다고 세 번이나 고백했던 베드로는 그의 고백과 같이 네로 황제에 의해 자행된 로마 시내 방화와 그 수습책으로 저질러진 기독교인 박해의 시기에 로마에서 순교하였습니다. 주후 96년경에 로마의 클레멘스가 쓴 글에 언급되어 있습니다. 노벨 문학상 수상 작가 헨리크 센케비치 Henryk Sienkiewicz의 소설 『쿼바디스』 Quo vadis를 통해서도 베드로의 사역과 순교 이야기는 잘 알려져 있습니다.[59] 베드로는 로마에서 십자가형을 언도받았을 때에도 그의 기질대로 형리에게 부탁하여 자신을 십자가에 거꾸로 매어달라고 부탁하였다고 전해집니다. 자신은 똑바로 매어 달려 죽으신 주님처럼 죽을 가치도 없는 존재라는 것을 분명히 하고 싶어서였습니다. 역사적으로 진실인지 아닌지 모르겠지만 주님을 누구보다도 사랑한다고 고백했던 베드로다운 최후인 것입니다. 이런 이야기는 후대에 더해진 전설일 가능성이 많습니다. 베드로 행전이나 유세비우스의 교회사에서 전해주는 이야기입니다. 하지만 분명한 것은 D. A. 카슨이 잘 정리해 주는 대로 "주 예수께서 사형선고를 받은 날 밤에 베드로가 주님을 공적으로 부인한 것 때문에 받게 된 지울 수 없는 치욕은 주님 자신에 의해 용서를 받았고, 그 이후에 그의 열매 맺는 사역과 순교를 통해서 완전히 극복되고 압도되었다는 것"입니다.[60]

각자에게 맡겨진 직분과 사명이 있다(20-23절)

이런저런 대화를 나눈 후에 예수님은 해변을 따라 걷기 시작하셨고 베드로는 예수님을 따라갔던 것으로 보입니다. 그 때에 베드로가 문득 뒤를 돌아보니 예수님이 사랑하시는 그 제자, 즉 베드로보다 훨씬 젊은 요한이 예수님과 베드로의 뒤를 역시 따라오고 있는 것이 보였습니다. 그래서 21절에 보시면 예수님께 질문을 드립니다. "주님 이 사람은 어떻게 되겠사옵나이까?"라고 말입니다. 그러자 예수님께서 방금전까지의 대화와는 달리 냉정하게 말씀하셨습니다. 22절입니다. "예수께서 이르시되 '내가 올 때까지 그를 머물게 하고자 할지라도 네게 무슨 상관이냐? 너는 나를 따르라' 하시더라." 후에 이 주님의 말씀이 제자들에게 나가서 그 제자는 죽지 아니하겠다 하였으나 예수의 말씀은 그가 죽지 않겠다 하신 것이 아니라 주님이 다시 오실 때까지 요한을 이 지상에 살아있게 한다고 할지라도 그게 무슨 상관이냐는 의미로 말씀하신 것입니다.

우리가 요한복음 20장, 21장 두 장을 주의 깊게 읽어보면 베드로와 사도 요한은 계속 쌍으로, 커플로 등장하는 것을 볼 수가 있습니다(참고. 행 3장). 이번에도 나를 따르라는 주님의 말씀이 떨어지자 베드로만 아니라 요한도 질세라 예수님을 뒤따라 나섰던 것입니다. 베드로에게 질 수 없다 하고 따라나선 것입니다. 이에 베드로는 주님에게 특별한 애정을 받았고, 자신처럼 주님을 극적으로 부인하고 배신하지는 않았던 이 젊은 친구의 종말은 어떻게 될 것인가에 대한 궁금증이 생겼습니다. 이와 같은 호기심이 지나쳐서 마침내는 주님께 질문하기까지 하게 된 것인데, 이런 것을 보면 베드로가 주님의 따스한 사랑과 회복의 메시지에 의해서 치유되고 공중을 자유로이 활공하는 새처럼 자유롭게 되어졌다는 증거일지도 모르겠습니다.

그러나 예수님의 대답이 무엇입니까? 남의 일에 참견하지 말고 네 일이나 잘하라는 것이었습니다. 우리 경상도 말은 짧고 메시지가 강한 경우가 많습니다. 주님의 말씀을 경상도 버전으로 바꾸면 "니나 잘해"가 되겠지요. 요한을 주님의 재림 때까지 살게 하든 말든 그것이 본질적인 관심사가 아니지 않느냐는 것이었습니다. 유치한 제자들은 이 주님의 말씀을 가지고서 지나치게 곡해하여서 사도 요한은 에녹-엘리야를 이어 죽음을 맛보지 않는 3번째 불사의 존재가 된다고 소문을 퍼뜨렸습니다. 하지만 주님이 말씀하시고자 하시는 것은 사도 요한의 최후에 대한 정보나 예언이 아니었습니다. 다만 이 순간에 중요한 것은 남이야 어떻게 하든지 관계할 것 없이 베드로 자신이 주님의 뜻을 따르는 것이 중요하다는 것이었습니다. 사실 사도 요한은 12제자들 가운데서 가장 오랫동안 살아남았고, 소위 와석종신했지만 역시나 그도 백발이 되어 죽음을 통과하여 주님 앞으로 갔습니다.

우리가 교회 일을 하면서 자칫 남들과 나를 비교해서 불평불만 하기가 십상입니다. 그러나 비교 의식을 가지게 되면 불행해지게 되는 법입니다. 저 사람이 안 하는데 내가 왜 혼자해야 하나요 그런다든지, 남들이 하면 나도 하겠다 라고 하면 주님을 제대로 섬길 수가 없습니다. 물론 모두가 다 바른길로 가고, 주님을 잘 섬기면 좋겠지만, 그렇든지 그렇지 않든지 간에 상관없이 우리 각자는 주님 앞에 단독고립의 신앙자가 되고, 나만은 주님을 잘 섬겨보겠다는 각오를 가지셔야 합니다. 각자에게 주신 은사와 직분은 각기 소중합니다. 비교 대상이 아닙니다. 우쭐할 것도 없고 기죽을 것도 없습니다. 중요한 것은 각자에게 맡기신 은사와 사명을 잘 활용하시고 충성하시는 것입니다. 내게 주신 힘만큼 충성하면 되는 것입니다. 빌라델비아 교회는 네가 작은 능력을 가지고도 나를 배반하지 않았다는 칭찬을 들었습니다.

사랑하는 교우 여러분! 오늘 우리는 베드로를 공개적으로 치유하시고 사도직을 회복시키시는 것을 보셨습니다. 주님은 약해서 넘어진 것과 악해서 잘못한 것을 구분하셨습니다. 베드로의 진심이 무엇인지를 공개적으로 고백하게 만드셨습니다. 주님을 사랑하는 마음이 있다면 주님의 일을 할 수 있기 때문입니다. 그리고 주님은 베드로의 영광스러운 최후에 대해서 말씀해 주셨습니다. 지금은 못하지만 후에는 주님을 위해서 죽기까지 할 것이라는 점을 알게 하심으로 마음 가운데 용기를 불어넣어 주셨습니다. 그렇게 회복된 베드로는 주님을 뒤따라가는 일에 집중하지 아니하고 요한의 장래는 어떻게 되느냐고 질문을 했습니다. 그러자 주님께서는 남일 신경

쓰지 말고 너의 일에 집중하라고 권면해 주셨습니다.

오늘 우리는 베드로의 모습 속에서 우리의 모습을 봅니다. 잘한다고 했지만, 세월은 흐르고 돌이켜 보니 주님을 부인하고 넘어졌던 베드로의 모습과 같음을 느낍니다. 그러나 우리의 약함을 다 아시는 주님께서 우리들에게 물으시는 음성을 들으시기 바랍니다. 네가 나를 사랑하느냐는 질문 앞에 "예, 주님 사랑합니다. 다만 연약해서 부족해서 넘어지고 시험에 들었더랬습니다." 이 시간 주님의 말씀 앞에 다시금 새롭게 출발하겠습니다 하고 결단하는 시간이 되시기를 바랍니다. 그리고 남이 어떻게 하느냐를 관망하지 말고 주님의 뜻이라면 우리 각자에게 요구되어지는 길을 걸어가시고, 우리 각자에게 주어진 봉사를 하시기를 바랍니다.

미주

1. 필립 얀시, 『내가 알지 못했던 예수』(서울: 요단, 1998).
2. 고든 맥도날드, 『내면세계와 영적질서』(서울: IVP, 1990).
3. Philip Keller, *A Shepherd Looks at Psalm 23* (Grand Rapids: Zondervan, 1970); 김만풍 역, 『양과 목자- 시편 23편』(서울: 생명의 말씀사, 1994).
4. 켈러, 『양과 목자』, 34.
5. 켈러, 『양과 목자』, 42-43의 구체적인 설명을 참고하라.
6. 켈러, 『양과 목자』, 45.
7. 켈러, 『양과 목자』, 50.
8. 영어로는 "God is most glorified in us when we are most satisfied in Him"으로, 파이퍼와 Desiring God Ministries의 모토와 같은 구절이다.
9. 블레이즈 빠스깔의 『빵세』에 나오는 표현이다: "There is a God-shaped vacuum in the heart of each man which cannot be satisfied by any created thing but only by God the Creator, made know through Jesus Christ."(https://www.good reads.com/quotes/801132 ?there-is-a-god-shaped-vacuum-in-the-heart-of-each).
10. 루터가 1518년 하이델베르크에서 논쟁하며 밝힌 글 가운데서. 원래 그의 글의 순서는 이렇다. "The love of God does not first discover but creates what is pleasing to it. The love of man comes into being through attraction to what pleases it."
11. 켈러, 『양과 목자』, 61-63.

12. 양이 뒤집히는 세 가지 이유에 대한 설명은 켈러, 『양과 목자』, 68-71을 참고하였다.
13. 스티븐 로슨, 『시편 1-75』(서울: 디모데, 2008), 247.
14. 김남준, 『영적 회복은 불꽃처럼 번져 가야 한다』(서울: 두란노, 1996), 161.
15. 래리 G. 헤어, "고고학자가 본 시편 23편," 「그말씀」(1994년 4월), 182.
16. 빅터 프랭클, 『죽음의 수용소에서』, 이소민 역 (서울: 제일출판사, 1996).
17. 프랭클, 『죽음의 수용소에서』, 88-89.
18. 프랭클, 『죽음의 수용소에서』, 119.
19. 이하의 이야기는 인터넷에서 확인한 자료임을 밝힌다.
20. 켈러, 『양과 목자』, 114쪽 이하.
21. 켈러, 『양과 목자』, 126-128.
22. 헤세드에 대한 구약학자의 해설은 Kim Jung-woo, "A Lexical-Semantic Approach to the Word 'Hesed' and Related Words with Special Reference to the Psalms and Their Implications for Korean Translations," Chongshin Theological Journal, 6/2 (2001): 3-17을 참고하라.
23. J. Fitzmyer, *The Gospel According to Luke* (Garden City : Doubleday & company, 1983), 1087.
24. Fitzmyer, *The Gospel According to Luke*, 1087.
25. Fitzmyer, *The Gospel According to Luke*, 1087: "in anycase, the son by the gift would acquire title to the property, but the usufruct or interest on the property would continue to come to the father until his death."
26. Fitzmyer, *The Gospel According to Luke*, 1087.

27. Fitzmyer, *The Gospel According to Luke*, 1088: "The adv. astos(= a-privative+sozein) means 'in a way not(bound to be) salutary'; it was used of profiligate onduct (LXX Prov. 7:11; Demosthenes, Or. 40.58; Lucian, *Kataplous* 17). We are not told what this dissolute manner of life was; in v. 30 the elder son describes it as a devouring 'your estate with prostitutes.'"; 로버트 스타인, 『예수님의 비유』(서울: 새순출판사, 1988), 213: "따라서, 이 비유의 본문 자체는, '탕자'가 주색잡기(wine, woman, and song)에 빠져 재산을 탕진했다(비교; 30절)는 전통적인 견해를 시사해 주고 있는 것이다."
28. Fitzmyer, *The Gospel According to Luke*, 1088.
29. 요아킴 예레미아스, 『예수님의 비유』(왜관: 분도출판사, 1974), 125.
30. 지중해권 나라들에 흔히 자라는 쥐엄열매는 두 가지 종류가 있다. 하나는 야생 쥐엄과 수리아 산 쥐엄이 그것이다. 야생 쥐엄은 사람을 생존하게 할 만큼의 영양분을 지니고 있지 않아서 비상시기가 아니고는 먹지 않았다. 수리아 산 쥐엄나무 열매는 달고 먹을 수 있다고 한다 (베일리, 『시인과 농부』[서울: 여수룬, 1998], 342-43).
31. 외스털리에 의하면 "품군은 외인이었다. 그는 재산에 속하지 않으며, 자기의 일시적인 주인의 일에 개인적인 관심이 없었다. 그는 단지 필요할 때 채용된 일용직 노동자에 불과하였다 … 그러므로, 그의 위치는 (농노나 낮은 계층의 종)과 달리 자유롭기는 하였으나, 불안하였다"고 한다(베일리, 『시인과 농부』, 350-51).
32. 예레미아스, 『예수님의 비유』, 125; Fitzmyer, *The Gospel According to Luke*, 1088: "He came to himself. Lit. 'having come to himself,' i. e. to his senses. This realization and the remorse are the beginning of his repentance. Pace J. Dupont, his remorse must include a realization of what he has done to his father and a regret for his misconduct. He does not selfishly contrast his

status with that of his hired hands."
33. 베일리, 『시인과 농부』, 350-51에 열거된 귄터 보른캄, 존스, 데레트 등의 견해를 읽어보라. 그리고 렌스키 역시 탕자의 회개라고 본다(R. C. H. 렌스키,『누가복음(하)』[서울: 백합서원, 1976], 169-71. "내적인 변화는 순수하였다. 결심은 실행되었다.")
34. 렘브란트 그림에 관하여는 헨리 나웬, 『탕자의 귀향』, 최종훈 역(서울: 포이에마, 2009)과 『집으로 돌아가는 길』, 최종훈 역(서울: 포이에마, 2010)을 보라.
35. 베일리, 『시인과 농부』, 330-32.
36. 이민규, "사회학적 시각을 통해 본 '콩가루 집안'의 비유,"「한국복음주의신약학연구」4 (2005. 12.): 91.
37. 베일리, 『시인과 농부』, 361. 각주 177: "내가 아는 어떤 목사는 어떤 교회의 목회자로 청빙을 받지 못하였다. 이유는 이랬다. 장로님들의 판단에 그 목사님이 너무 빠른 걸음으로 길을 걸어 내려갔다는 것이다. 이러한 풍습은 아직까지 현대 중동 지방의 대도시에서도 긴 의장을 갖추고 천천히 위엄스러운 발걸음으로 조심스럽게 걷는 정통 사제들 사이에서 지켜지고 있다."
38. Bailey, Cross and the Prodigal, 54-55. 존 스토트는, 『그리스도의 십자가』, 421-22에서 베일리의 글을 긍정적으로 인용한다.
39. Fitzmyer, *The Gospel According to Luke*, 1090: "In a culture in which meat was not often eaten, this slaughtering of an animal fattened up for a special occasion also marks the esteem of the father on the return of his young son."
40. Fitzmyer, *The Gospel According to Luke*, 1090: "A figurative sense of the adj. nekros is found in 9:60. Here it is used in still a different figurative sense: either as 'though to be dead'(because he wa no longer part of the father's household [familia] or

morally 'dead'(because of his dissolute life). 'Life' would then mean either life in the family or spritual life (that of a reformed penitent."

41. 예레미아스, 『예수님의 비유』, 126.
42. 렌스키, 『누가복음(하)』, 166.
43. 헬무트 틸리케, 『기다리는 아버지(예수의 비유에 대한 설교)』(서울: 컨콜디아사, 1978).
44. 렌스키, 『누가복음(하)』, 165: "하늘에 계신 아버지는 항상 지상의 아버지의 묘사에서 인식되어왔다. 형은 행함에 의한 의인 바리새인들의 모습이고, 동생은 세리들과 죄인들의 모습이다(1, 2절). 그러나 동생은 하나님으로부터 돌아서서 일반 세속 속으로 뛰어들어간 죄인을 대표하고 반면에 형은 외관상으로는 교회 안에 있으나 내적으로는 신앙이 없는 자기 의를 내세우는 죄인의 유형이다. 양자가 잃어버린 자들이다."
45. 렌스키, 『누가복음(하)』, 174-75.
46. 렌스키, 『누가복음(하)』, 175: "미완료는 계속적인 좋아하지 않음을 지시한다. 이 종과 다른 사람들의 모든 재촉이 허사였다. 이것이 바로 바리새인들과 서기관들의 진짜 모습이다(2절)."
47. Fitzmyer, *The Gospel According to Luke*, 1091: "The elder brother's scornful reaction is not conceald; presumably it is made known to the father."
48. Barbara Brown Taylor, "The Other Brother Had a Point," *Christianity Today* (26. Oct. 1998).
49. Fitzmyer, *The Gospel According to Luke*, 1091: "The elder son uses the vb. douleuein, which implies that he puts himself not in the category of a hired hand(misthios), but of a slave(doulos): 'serving you faithfully like a salve.' Cf. Gen.

31:41. In the fuller Lucan context the vb. alludes as well to the loyal service of keeping the commandments on the part of Jesus' critics."

50. Fitzmyer, *The Gospel According to Luke*, 1091: "Conscious of his fidelity, he stresses it- recognizing that virtue is worse rewarded than vice."

51. Fitzmyer, *The Gospel According to Luke*, 1091: "A 'goat' would have been of far less value than a fatted calf. His reproach to his father centers on his years- long service, which should have merited for him such a minor form of feasting."

52. 로버트 스타인, 『예수님의 비유』, 218.

53. Fitzmyer, *The Gospel According to Luke*, 1091: "an affectionate form of address used by the father for elder son."

54. Beasley-Murray, *John*, WBC

55. 윌리엄 바클레이, 『요한복음 하』(서울: 기독교문사, 1993), 472.

56. 이재철, 『요한과 더불어: 열 번째 산책』(서울: 홍성사, 2008), 147-49.

57. 헨리 나우엔, 『상처 입은 치유자』(서울: 두란노, 1999).

58. 필립 얀시, 『놀라운 하나님의 은혜』(서울: IVP, 1999)에서 인용한 문장들이다.

59. 1951년에 영화로도 상연되었다.

60. D. A. 카슨, 『요한복음』, 박문재 역 (서울: 솔로몬, 2017), 1268.